CARL FRIEDRICH VON SIEMENS STIFTUNG · THEMEN BD. 82

Heinrich Meier

»Les rêveries du Promeneur Solitaire«

Rousseau über das philosophische Leben

Herausgegeben von Heinrich Meier

HEINRICH MEIER

»Les rêveries du Promeneur Solitaire«
Rousseau über das philosophische Leben

Zweite Auflage

Carl Friedrich von Siemens Stiftung
München

Zum Umschlag

Die beiden Abbildungen des Umschlags zeigen Rousseau und die St. Petersinsel im Bieler See, auf der Rousseau in der Zeit vom 9. September bis 25. Oktober 1765 Zuflucht vor religiöser und politischer Verfolgung fand.

Vorderseite: Rousseau in einem Boot auf dem Bieler See, im Hintergrund die St. Petersinsel. Kolorierte Aquatinta, Christoph Rheiner zugeschrieben. Titelvignette der französischen Ausgabe des Buches von Sigmund von Wagner/Sigismond Wagner: *L'île de St. Pierre dite l'île de Rousseau dans le lac de Bienne*. Bern 1817. Das deutsche Original war 1795 ohne die Vignette unter dem Titel *Die St. Peters Insel in dem Bielersee* ebenfalls in Bern erschienen.

Rückseite: Die St. Petersinsel von Süden. Gouache von Johann Joseph Hartmann (1811). Beide Abbildungen Schweizerische Landesbibliothek, Bern.

Der Schriftzug *Les rêveries du Promeneur Solitaire* auf dem vorderen Umschlag und auf Seite 9 gibt im Faksimile den Titel von Rousseaus Hand wieder, der dem Manuskript der *Rêveries* auf einem eigenen Blatt vorangestellt ist (MsR 78). Die Wiedergabe dieser und aller anderen Manuskriptseiten Rousseaus innerhalb des Textes erfolgt mit freundlicher Genehmigung der Bibliothèque publique et universitaire, Neuchâtel.

Inhalt

Vorwort zur zweiten Auflage

Die gegenwärtige Veröffentlichung enthält einen Vortrag, den ich am 3. Oktober 2003 in englischer Sprache als Bradley Lecture am Boston College und am 13. Mai 2004 auf deutsch an der Albert-Ludwigs-Universität Freiburg hielt. Nach der deutschen Erstpublikation im Frühjahr 2005 erschien er 2006 in chinesischer und 2008 in japanischer Übersetzung. Der englische Text ist jetzt in *Recovering Reason: Essays in Honor of Thomas L. Pangle* (Lanham–Plymouth, Lexington Books, 2010) zugänglich. Die französische Veröffentlichung wird 2010 in den *Annales Jean-Jacques Rousseau*, Genf, erfolgen.

Der Vortrag von 2003 umreißt eine neue Sicht des letzten und am wenigsten verstandenen Buches von Rousseau. Meine Interpretation der *Rêveries* und eine eingehende Auseinandersetzung mit dem Gegenstand, den sie verhandeln, werde ich in einer umfangreicheren Schrift vorlegen, die unter dem Titel *Über das Glück des philosophischen Lebens. Reflexionen zu Rousseaus Rêveries in zwei Büchern* 2011 im Verlag C. H. Beck, München, erscheint. Das erste der beiden Bücher, aus denen die Schrift besteht, ist in sieben Kapitel gegliedert: (I) Der Philosoph unter Nichtphilosophen, (II) Glaube, (III) Natur, (IV) Beisichselbstsein, (V) Politik, (VI) Liebe, (VII) Selbsterkenntnis. Das zweite enthält eine fortlaufende Auslegung des umstrittensten Werkes von Rousseau, der *Profession de foi du Vicaire Savoyard*, und kontrastiert Rousseaus Verständnis des philosophischen Lebens mit der Lehre der Natürlichen Religion des Vikars.

Die erste Auflage dieses Bandes erschien mit Zustimmung von Heinz Gumin (1928–2008) in der Reihe *Themen*. Er war von 1984 bis zu seinem Tode Vorsitzender des Vorstands der Carl Friedrich von Siemens Stiftung und holte mich 1985 nach München, damit ich deren Leitung übernehme. Seinem Andenken ist die zweite Auflage in Dankbarkeit gewidmet.

München, den 15. Februar 2010 H. M.

Les rêveries du Promeneur Solitaire.

Rousseau über das philosophische Leben

Jean-Jacques Rousseau 1765 in Neuchâtel. (Kupferstich von Jean-Baptiste Michel. Archiv für Kunst und Geschichte, Berlin.)

Wo sind die Neuen, daß du an Freundeshand
Erwarmst, wo nahn sie, daß du einmal
Einsame Rede, vernehmlich seiest?
Friedrich Hölderlin

Les rêveries du Promeneur Solitaire schienen mir immer das schönste und das gewagteste von Rousseaus Büchern zu sein. Ihre Schönheit und ihre Gewagtheit sind aufs engste miteinander verbunden, ohne daß sie gleichermaßen augenfällig wären, oder ebenweil sie dies nicht sind. Der Zauber der Dichtung, die Leichtigkeit des Stils, die Verschränkung von Eindringlichkeit und Verhaltenheit, der Wechsel von zu Herzen gehenden Passagen und scheinbar beiläufig Gesagtem, das Ineinander von Bewegung und Ruhe, die Kraft der Sprache und die Kunst des Schweigens, die dem Buch seinen eigenen Ton, sein unverwechselbares Gesicht, sein besonderes Gepräge geben, haben ihm Leser in großer Zahl eingetragen, bis in die entlegensten Gegenden und über die Zeiten hinweg. Der literarische Rang der *Rêveries* ist außer Frage. Sein Glanz überstrahlt und läßt in den Hintergrund treten, was in ihnen in Frage steht.

»Ich bin jetzt also allein auf der Erde und habe keinen Bruder, keinen Nächsten, keinen Freund, keine Gesellschaft mehr außer mir selbst.« So lautet der denkwürdige Auftakt des Buches. Hören wir die Stimme eines Menschen, der mit einer Eröffnung, welche sich nicht vergißt, auf den Jammer seines Schicksals aufmerksam machen will? Oder spricht ein Philosoph, der mit dem ersten Satz den

Ausgangspunkt eines Unternehmens benennt, das sich von allem unterscheidet, was er bis dahin, wenn nicht in der Gesellschaft, so doch für die Gesellschaft begann? Verfolgt der Autor die Absicht, seine Leser von Anfang an zum Selbstdenken zu bewegen? Oder heischt er ohne Umschweife nach ihrem Mitleiden? Mit anderen Worten: an wen wendet sich dieses Werk, das sein Alpha und Omega in der Einsamkeit findet, und zu welchem Ende wurde es geschrieben?

Die *Rêveries* haben mit allen anderen Büchern Rousseaus gemeinsam, daß der Weg zu ihrem Verständnis über das Verständnis ihrer Rhetorik führt. Und sie zeichnen sich vor ihnen allen darin aus, daß sie das am wenigsten verstandene Buch Rousseaus geblieben sind. Was Rousseau knapp zwanzig Jahre nach Erscheinen des *Discours sur l'inégalité* in einer berühmten Stelle der *Confessions* über den *Discours* sagte, läßt sich zweihundertzwanzig Jahre nach ihrer postumen Veröffentlichung mit beinahe ebensoviel Recht über die *Rêveries* behaupten: Wir haben es mit einem Buch zu tun, das »in ganz Europa nur wenige Leser fand, die es verstanden, und keinen unter diesen, der darüber sprechen wollte.«[1] Wenn Rousseau den *Discours sur l'inégalité* in einer nicht minder berühmten Sentenz der *Confessions* als diejenige Schrift bezeichnete, in der seine Prinzipien »mit der größten Kühnheit, um nicht zu sagen Verwegenheit zu erkennen gegeben sind«,[2] so ist diesem Urteil in Rücksicht auf das Werk, über dem Rousseau starb, hinzuzufügen, daß

1 *Les Confessions* VIII, in: Jean-Jacques Rousseau: *Œuvres complètes*. Edition publiée sous la direction de Bernard Gagnebin et Marcel Raymond. Paris 1959-1995, 5 Bände, Bibliothèque de la Pléiade (= *OCP*), *OCP* I, p. 389.

2 *Les Confessions* IX, *OCP* I, p. 407.

die Verwegenheit des *Discours* nur noch durch die der *Rêveries* übertroffen wird. Denn in den *Rêveries* bekräftigt Rousseau am Ende seines Lebens nicht bloß die philosophischen Prinzipien, die er im *Discours* »für eine sehr kleine Zahl von Lesern«[3] exponiert hatte, sondern er macht darüber hinaus, anders als ein Vierteljahrhundert zuvor, den Philosophen selbst zum zentralen Gegenstand und läßt die Umrisse seiner Existenz in staunenswerter Schärfe, um nicht zu sagen schockierender Deutlichkeit hervortreten. Sowenig indes die wahre Kühnheit des *Discours* offen zutage liegt, sowenig springt die Gewagtheit der *Rêveries* unmittelbar ins Auge. Die inverse Relation, die im einen wie im anderen Fall zwischen der philosophischen Verwegenheit und dem allgemeinen Verständnis der Schrift besteht, hat ihren Grund in der besonderen Kunst des Schreibens, deren sich Rousseau bedient, und mithin in der Intention, die für sie bestimmend ist.

Daß seine gewagtesten zugleich seine am schwersten zugänglichen Bücher sind, daß die unterschiedliche Ansprache ungleicher Adressaten, denen Unterschiedliches zu verstehen gegeben wird, in ihnen eine herausragende Rolle spielt und daß das prohibitive Potential einer überlegt eingesetzten Rhetorik dabei in hohem Maße zum Tragen kommt, kann nicht überraschen, es steht im Gegenteil zu erwarten bei einem Autor, der vom Beginn seiner öffentlichen Wirksamkeit an nicht müde wird, vor dem verderblichen Einfluß der Wissenschaften und Künste auf die Tugend der Bürger und auf das wohlgeordnete Gemeinwe-

3 *Lettre à Jean Jallabert* vom 30. 3. 1755, in: *Correspondance complète de Jean Jacques Rousseau*. Edition critique, établie et annotée par R. A. Leigh. Genf-Banbury-Oxford 1965-1998, 52 Bände (= *CC*), *CC* III, p. 115.

sen zu warnen, der wie kein anderer im Jahrhundert der Aufklärung der Meinung entgegentritt, es gelte, es sei möglich oder auch nur erstrebenswert, die Philosophie populär zu machen, der mit den politischen Philosophen vor ihm wie nach ihm darin übereinstimmt, daß die Philosophie für die Gesellschaft ihrer Natur nach bedrohlich, daß die Wahrheit gefährlich und daß die Unterscheidung zwischen Philosophen und Nichtphilosophen unaufhebbar ist, weil die Menschen von Natur aus ungleich sind. Alle wichtigen Bestimmungen, die unsere Aufmerksamkeit verlangen, wenn wir Rousseaus Rhetorik angemessen verstehen wollen – ihre prohibitive Funktion und ihr pädagogischer Eros, die Unterscheidung der Adressaten, die Absicht des Autors und das Selbstverständnis des Philosophen –, sind, emblematisch zum Ausdruck gebracht, bereits im Frontispiz versammelt, das Rousseau 1750 für die Erstausgabe des *Discours sur les sciences et les arts* wählte. Das Kupfer der Preisschrift, deren »Paradoxe« Rousseau über Nacht in ganz Europa berühmt machten, zeigt in der linken oberen Bildhälfte Prometheus, der mit einer Fackel in der Rechten von einer Wolke herabsteigt; in der Bildmitte ist eine menschliche Gestalt auf einem Steinsockel zu erkennen, das Gesicht Prometheus zugewandt: ein nackter Jüngling mit empfangsbereiter Gebärde, dem Prometheus die Linke fürsorglich auf die Schulter legt; von der anderen Seite nähert sich, niedriger als die beiden übrigen Figuren stehend, mit nach oben gerecktem Arm ungestüm ein Satyr. Die Bildlegende »Satyre, tu ne le connois pas. Voy. note pag. 31.« verweist den Leser an eine Fußnote, die Rousseau dem ersten Satz des Zweiten Teils des *Discours* hinzugesetzt hat: »Es war eine alte Überlieferung, die von Ägypten nach Griechenland kam, daß ein der Ruhe der Menschen feindlicher

Frontispiz des *Discours sur le sciences et les arts* von 1750.

Gott der Erfinder der Wissenschaften war.« Die Fußnote dazu lautet: »Man sieht leicht die Allegorie der Fabel von Prometheus; und es scheint nicht, daß die Griechen, die ihn an den Kaukasus fesselten, irgend günstiger von ihm dachten als die Ägypter von ihrem Gott Theuth. ›Der Satyr‹, sagt eine alte Fabel, ›wollte das Feuer küssen und umarmen, als er es zum erstenmal sah; doch Prometheus rief ihm zu: Satyr, du wirst dem Bart an deinem Kinn nachweinen, denn es brennt, wenn man es berührt.‹ Das ist der Gegenstand des Frontispizes.«[4] Was hat es mit der »ancienne tradition« auf sich, an die Rousseau zu Beginn der Seconde Partie erinnert? Auf den ersten Blick wird sie als Zeugin der Anklage gegen die Wissenschaften und die Philosophie aufgerufen, so wie die erläuternde Anmerkung die Autorität der Griechen gegen Prometheus aufzubieten scheint. Aber ein Gott, der der Ruhe der Menschen feind ist, muß kein Feind der Menschen sein. Wie, wenn er sich bei näherer Betrachtung als ein Freund herausstellte? Und was sollen wir vom Urteilsvermögen, von der Meinung der Griechen halten, die Prometheus an den Kaukasus schmiedeten? Wie nimmt sich das, was wir im ersten Teil der Anmerkung hören, im Licht des zweiten Teils aus, der uns Prometheus als Wohltäter vor Augen führt? Aufmerksame Leser werden imstande sein, solche und ähnliche Fragen selbst zu erwägen und

4 *Discours sur les sciences et les arts*, *OCP* III, p. 17 und p. 17 n. Weshalb die Herausgeber der *OCP* das Frontispiz, auf das Rousseau im Text ausdrücklich zu sprechen kommt, der Reproduktion nicht für würdig befunden haben, ist ihr Geheimnis. Ihre Nachlässigkeit wird dadurch nicht besser, daß sie im Falle des *Discours sur l'inégalité* ebenso verfahren. Der Leser findet hier zwar den getreulich abgedruckten Vermerk Rousseaus: *Voyez le frontispice* (*OCP* III, p. 221), der sich auf den letzten *discours dans le Discours* bezieht und diesem einen besonders hervorgehobenen Ort im rhetorischen Gefüge des Werkes zuweist. Er kann Rousseaus Aufforderung indes nicht nachkommen und sich das Frontispiz nicht ansehen, da die Herausgeber das Frontispiz in ihrer Edition nicht wiedergeben.

für sich zu beantworten. Einige mögen außerdem mit der »ancienne fable« vertraut sein, auf die sich Rousseau in der Fußnote bezieht, oder den genauen Wortlaut bei Plutarch nachschlagen, um festzustellen, daß das Zitat aus Amyots Übersetzung der *Moralia*, anhand der Quelle vervollständigt, das Ergebnis bestätigt, das eine verständige Lektüre von Rousseaus Text nahelegt: Nachdem Prometheus vor dem Feuer gewarnt hat, fährt er fort: »denn es brennt, wenn man es berührt, aber es spendet Licht und Wärme und ist ein Instrument, das zu jeder Kunstfertigkeit dient, vorausgesetzt, daß man es richtig zu gebrauchen weiß.«[5] Dem Unverständigen, dem eine nicht näher bezeichnete Stimme auf dem Frontispiz zuruft: »Satyr, du kennst, weißt, verstehst es nicht«, sind nicht nur die Gefahren des »Feuers« unbekannt, er weiß auch nichts von dessen segensreichen und beglückenden Möglichkeiten.

Wer tritt uns in der Figur des Satyrs entgegen? Für wen steht der Jüngling, dem der Fackelträger das Feuer zugedacht hat? Und wer oder was ist das göttliche Wesen, das beide überragt und das sich, auf je verschiedene Weise, beiden zuwendet? Nach Rousseaus eigener Auslegung der Allegorie, die er auf der letzten Seite seiner letzten öffentlichen Erwiderung in der langen Kontroverse um den *Discours sur les sciences et les arts* 1752 einem Kritiker entgegenhält, versinnbildlicht die Fackel des Prometheus die Fackel der Wissenschaften, die dazu geschaffen ist, die

5 »Le Satyre voulut baiser et embrasser le feu la premiere fois qu'il le vid: mais Prometheus lui cria, Bouquin tu pleureras la barbe de ton menton, car il brusle quand on y touche: mais il baille lumiere et chaleur, et est un instrument servant à tout artifice, pourveu qu'on en sache bien user.« *Les œuvres morales de Plutarque, translatées de Grec en François, revues et corrigées en plusieurs passages par le Translateur* [Amyot]. Genf, Iacob Stoer, 1621, I, p. 342. [*Moralia* 86 E-F.]

großen Genies zu entflammen; der Satyr, der auf das Feuer zuläuft, um es zu umarmen, stellt die gemeinen Menschen dar, die sich, durch den Glanz der Literatur und der Wissenschaften verführt, unbesonnen dem Studium hingeben; der Gott aber, der die »hommes vulgaires« vor der Gefahr warnt – und der, wohlverstanden, die Fackel für die »grands génies« in Händen hält – ist niemand anders als Rousseau selbst.[6] Rousseaus Deutung des Frontispizes stellt über jeden Zweifel klar, daß er sich das Urteil »der Griechen« und »der Ägypter« über den Gott nicht zu eigen macht, und daß er keineswegs als »homme vulgaire« über die Wissenschaften und die Philosophie spricht, auch wenn er sich am Ende des *Discours* förmlich unter die »gemeinen Menschen« einreiht[7] – unmittelbar nachdem er die Philosophie zum Privileg der Wenigen erklärt hat, die die Kraft in sich spüren, allein und ohne fremde Hilfe in die Fußstapfen der »großen Genies« zu treten, die sich zutrauen, es einem Bacon, Descartes oder Newton gleichzutun, um über sie hinauszugelangen. Der Jüngling, den das Frontispiz im Zentrum des Bildes zeigt und den Rousseau in seiner Deu-

6 »J'aurois cru faire injure aux Lecteurs, et les traiter comme des enfans, de leur interpréter une allégorie si claire; de leur dire que le flambeau de Prométhée est celui des Sciences fait pour animer les grands génies; que le Satyre, qui voyant le feu pour la première fois, court à lui, et veut l'embrasser, représente les hommes vulgaires, qui séduits par l'éclat des Lettres, se livrent indiscrétement à l'étude; que le Prométhée qui crie et les avertit du danger, est le Citoyen de Geneve. Cette allégorie est juste, belle, j'ose la croire sublime.« *Lettre à Lecat*, *OCP* III, p. 102.

7 »Pour nous, hommes vulgaires, à qui le Ciel n'a point départi de si grands talens et qu'il ne destine pas à tant de gloire, restons dans nôtre obscurité. Ne courons point après une réputation qui nous échaperoit, et qui, dans l'état présent des choses ne nous rendroit jamais ce qu'elle nous auroit coûté, quand nous aurions tous les titres pour l'obtenir. A quoi bon chercher nôtre bonheur dans l'opinion d'autrui si nous pouvons le trouver en nous-mêmes? Laissons à d'autres le soin d'instruire les Peuples de leurs devoirs, et bornons-nous à bien remplir les nôtres, nous n'avons pas besoin d'en savoir davantage.« *Discours sur les sciences et les arts*, *OCP* III, p. 30.

tung nicht beim Namen nennt, repräsentiert die »kleine Zahl« der zukünftigen, der potentiellen Philosophen, jene Leser des *Discours*, für die die Allegorie nicht autoritativ ausgelegt zu werden braucht, weil sie selbst zu denken und zu deuten, weil sie, auf sich gestellt, »zu verstehen wissen«.[8]

Die Schlüsselrolle, die dem Frontispiz des *Discours sur les sciences et les arts* für das Verständnis von Rousseaus Rhetorik zukommt, wird unterstrichen durch die genealogische Verbindung, die die zugehörige Stelle im *Discours* zwischen den Göttern der Wissenschaft und der Schrift, zwischen Prometheus und Theuth, und vermittels ihrer zwischen Rousseau und Platon herstellt. Die Erwähnung von Theuth verweist den »lecteur attentif« an den *Phaidros*, also an den Platonischen Dialog, der sich wie kein anderer mit der Frage auseinandersetzt, welcher Rhetorik die Philosophie bedarf und welcher sie fähig ist. Sokrates führt die Sage von Theuth als dem Bringer der Geometrie, der Astronomie und anderer Wissenschaften, insbesondere aber als dem Erfinder der Schrift im Kontext der Kritik ein, die er in seiner Rede an der Schriftlichkeit der Philosophie übt.[9] So wie Platon sich imstande sah, die Einwände schriftlich zu fixieren, die er Sokrates im *Phaidros* gegen schriftlich fixierte Reden vorbringen läßt – daß sie überall verfügbar und

8 *Discours sur les sciences et les arts*, p. 29. »Ce n'est que successivement et toujours pour peu de Lecteurs, que j'ai développé mes idées. Ce n'est point moi que j'ai ménagé, mais la vérité, afin de la faire passer plus sûrement et de la rendre utile. Souvent je me suis donné beaucoup de peine pour tâcher de renfermer dans une Phrase, dans une ligne, dans un mot jetté comme au hasard, le résultat d'une longue suitte de réflexions. Souvent la pluspart de mes Lecteurs auront du trouver mes discours mal liés et presque entierement décousus, faute d'appercevoir le tronc dont je ne leur montrois que les rameaux. Mais c'en étoit assez pour ceux qui savent entendre, et je n'ai jamais voulu parler aux autres.« *Préface d'une seconde lettre à Bordes*, *OCP* III, p. 106.

9 Platon: *Phaidros* 274c5-275b3.

allen zugänglich sind, sowohl denen, die sie zu verstehen wissen, als auch denen, für die sie sich nicht eignen; daß sie nicht zu unterscheiden vermögen, zu wem sie sprechen und zu wem sie nicht sprechen sollen; daß sie sich nicht selbst schützen und mit Gründen helfen können, sondern auf den Beistand ihres Urhebers angewiesen bleiben –, so wie Platon in der Lage war, diese und andere Einwände gegen die geschriebene Rede zu erheben, um ihnen mit ebendem Dialog, in dem sie erhoben werden, Rechnung zu tragen und den Sokratischen Anforderungen an die philosophische Rede im Medium der Schrift zu entsprechen,[10] ganz ebenso sieht Rousseau sich imstande, den Argumenten, die der *Premier Discours* gegen die Wissenschaften und die Philosophie vorträgt, in diesem wie in den darauffolgenden Werken gerecht zu werden und dem Sokratischen Maßstab der philosophischen Rede, die weiß, zu wem sie sprechen und zu wem sie nicht sprechen soll, mit seiner Kunst des sorgfältigen Schreibens zu genügen.

Im Falle des *Discours sur l'origine et les fondemens de l'inégalité parmi les hommes* sorgt Rousseaus Kunst dafür, daß die philosophische Verwegenheit des Buches in eine höchst elaborierte Rhetorik eingebunden ist. Rhetorische Elemente bestimmen sein Gesicht mehr als das irgendeiner anderen Schrift Rousseaus. Die Unterscheidung zwischen den »Richtern« und den »Zuhörern« des Discours ist hier ebenso zu nennen wie die verschiedenen »discours dans le Discours«, die Reden, die Rousseau in den Gang der Argumentation einschaltet und die seiner Rede zu einer virtuos dirigierten Vielstimmigkeit verhelfen und ihr eine abge-

10 Cf. Platon: *Phaidros* 276e4-277a4.

Rousseau als Redner unter Philosophen in Athen. Rousseau sagt im Exordium des *Discours sur l'inégalité* von 1755: »ich werde mir vorstellen, ich befände mich im Lyzeum von Athen, wiederholte die Lehren meiner Meister und hätte einen Platon und einen Xenokrates zu Richtern und das Menschengeschlecht zum Zuhörer«. (Stich von Trière nach einer Zeichnung von Cochin für eine postume Ausgabe des *Discours*, 1793.)

stufte Resonanz verschaffen. In keinem anderen Buch Rousseaus spielen das Ineinandergreifen und das Hinundherwechseln zwischen der Ebene der philosophischen Analyse und der Ebene der polemischen Präsentation eine ähnliche Rolle. Keines hat eine vergleichbar bedeutungsvolle politisch-philosophische Topographie vorzuweisen wie der *Discours sur l'inégalité*, der in Frankreich verfaßt, vom savoyischen Chambéry her datiert und in Amsterdam veröffentlicht, förmlich der Republik Genf zugeeignet ist, aber im »Lyzeum von Athen« den Philosophen »vorgetragen« und von dort aus dem »Menschengeschlecht« zu Gehör gebracht wird. Keines verfügt über eine derart verwickelte äußere Form, einen so vielgliedrigen Aufbau, wobei alle Einzelteile, aus denen sich der *Discours* zusammensetzt, fest in die Rhetorik der Schrift als ganzer verwoben sind und darin ihre je besondere Funktion erhalten: angefangen beim Frontispiz, das Rousseau für das Buch bestimmt hat, über den Titel, das Motto, die Widmung, das Vorwort, den Hinweis zu den Anmerkungen, die Frage der Akademie von Dijon, die dem »eigentlichen« Discours unmittelbar vorangestellt ist, über das Exordium, den Ersten und den Zweiten Teil, bis zu den neunzehn, sehr eigentümlich numerierten, Anmerkungen, die nicht weniger als ein Drittel des gesamten Textes ausmachen. Die Schrift, in der Rousseau die Prinzipien seiner Philosophie zu Lebzeiten mit der größten Kühnheit zu erkennen gibt, ist zugleich seine rhetorischste Schrift.[11]

11 Eine eingehende Auseinandersetzung mit Rousseaus Kunst des Schreibens und eine detaillierte Analyse der Rhetorik des *Discours* habe ich im *Einführenden Essay über die Rhetorik und die Intention des Werkes* sowie im Kommentar meiner Kritischen Edition des *Discours sur l'inégalité* (Paderborn 1984, 6. Auflage 2008) vorgelegt. Siehe ferner *Die Denkbewegung von Leo Strauss. Die Geschichte der Philosophie und die Intention des Philosophen.* Stuttgart-Weimar 1996, p. 34-43.

Aber worauf haben wir uns im Falle der *Rêveries* einzustellen, wenn die Kühnheit des *Discours sur l'inégalité* durch die Gewagtheit der *Rêveries* noch übertroffen wird? Welchen Schutz und welche Hilfe konnte Rousseau seinem letzten Buch mitgeben? Ließ sich die Rhetorik seiner rhetorischsten Veröffentlichung überbieten? Die *Rêveries* scheinen über keine verwickelte äußere Form zu verfügen. Zumindest fehlt ihnen ein vielgliedriger Aufbau. Kein Frontispiz und kein Motto, keine Widmung, kein Vorwort und keine Anmerkungen. Nichts als zehn »Spaziergänge« und ein lakonischer Titel. Sie haben auch keine bedeutungsvolle politisch-philosophische Topographie vorzuweisen. Den Orten, die in den *Rêveries* vorkommen, wächst Bedeutung einzig daraus zu, daß Rousseau sie aufsucht und sie mit seinem Leben in Verbindung bringt. Die Unterscheidung zwischen »Richtern« und »Zuhörern« schließlich, die in der Rhetorik des *Discours* von so großem Gewicht ist, kommt in den *Rêveries* nicht zum Zuge, da Rousseau, wenn wir ihn beim Wort nehmen, zu niemandem spricht, sich an niemanden wendet und für niemanden schreibt, außer zu, an und für sich selbst. Rousseau geht in den *Rêveries* nicht über die Rhetorik des *Discours sur l'inégalité* hinaus, indem er deren Komplexität erhöht, indem er etwa durch weitere Stilelemente, zusätzliche Redefiguren, neue Argumentationsebenen eine Verfeinerung der Abstimmung oder eine Steigerung der Spannung im Gesamtgefüge erreicht. Er macht vielmehr eine Kehrtwendung. Er schlägt den Weg der Vereinfachung und Verkürzung ein. Er wählt die Rhetorik einer unbedingten Aufrichtigkeit, die adressatenunabhängig auftritt, und einer unmittelbaren Transparenz, die absichtslos gegen andere erscheint. Der Grund-Satz der Rhetorik, deren sich Rousseau in den *Rêveries* bedient, lautet: Der Autor und sein Leser sind eins. Es ist der Grundsatz einer Rhetorik, die vorgibt, ohne Rhetorik auszukommen, jeder Rhetorik zu entsagen, über alle Rhetorik hinaus zu sein.

Wenn die Wirksamkeit, die der Rhetorik des Verzichts auf jede Rhetorik innewohnt, eines historischen Nachweises bedurfte, so hat die Rezeption der *Rêveries* ihn über mehr als zwei Jahrhunderte erbracht. Rousseau wäre nicht der politische Philosoph gewesen, der er war, hätte er diese Wirksamkeit nicht beizeiten erkannt und sicher einzuschätzen gewußt, um sie sich zunutze zu machen, wenn für ein außerordentliches Unterfangen eine außerordentliche Rhetorik not tat. Und der Meister der indirekten Mitteilung, der umwegigen Bestätigung, der hintergründigen Bekräftigung, als der er sich in allen vorausgegangenen Veröffentlichungen bewährte, läßt es in den *Rêveries* nicht an Hinweisen fehlen, daß er sein letztes Werk eingedenk der hohen Anforderungen schrieb, die sich aus seiner ursprünglichen philosophischen Einsicht in die unaufhebbare Spannung zwischen Philosophie und Politik für eine öffentliche Verhandlung philosophischer Gegenstände ergeben, Anforderungen, die um so mehr an die Verhandlung des philosophischen Lebens selbst zu stellen sind. Zu den Hinweisen, die dem sorgfältigen Leser anzeigen, daß er auf der richtigen Fährte ist, zählen mehrere unverkennbare Rückbezüge auf die Schrift, mit der Rousseau seine literarische Laufbahn begann und in der er, wie wir gesehen haben, die rhetorische Grundkonstellation für alles weitere bestimmte, in der er sein Selbstverständnis als Autor wie das Verhältnis zu den unterschiedlichen Lesern seines Œuvre prägnant zum Ausdruck brachte. Eine besondere Rolle fällt dabei einer kleinen Abhandlung Plutarchs zu, den Rousseau wie keinen anderen Autor in den *Rêveries* auszeichnet und für seine eigenen Zwecke in Anspruch nimmt.[12] Rousseau bringt sie zu Beginn der *Quatrième promenade* ins Spiel: Gegenstand des mit Abstand längsten »Spaziergangs« und zugleich desjenigen, der in Aufbau wie Durchführung einer philosophischen Abhandlung im gewöhnlichen Sinne am nächsten kommt, ist die Lüge. Breiten Raum nimmt in ihm die Frage der Wahrheit ein, die der Autor seinen Lesern schuldet. Der Bezug zu Plutarchs Schrift *Wie man aus seinen Feinden Nutzen ziehen kann* scheint ganz okkasionell zu sein: eine mehr oder weniger zufällige Lektüre Rousseaus, die ihn im zufälligen Zusammentreffen mit einer unverlangten Zusendung veranlaßt, genauer zu prüfen, welches Gewicht die Lüge in seinem Leben hatte und ob er den Wahlspruch *Vitam impendere vero* zu Recht zum Motto seines öffentlichen Auftretens erhob.[13] Tatsächlich gibt es jedoch eine engere, sehr viel einschlägigere Verbindung zum Thema der *Quatrième promenade*. Denn der Traktat, von dem Rousseau sagt, er habe ihn »vorgestern« gelesen, ist ebender Text, dem Rousseau mehr als ein Vierteljahrhundert zuvor das Sujet für das Frontispiz des *Discours sur les sciences et les arts* entnommen hatte. Sowenig er im *Discours* die Quelle der »ancienne fable« benannte, die er wörtlich zitierte, sowenig wiederholt er jetzt die Warnung, die der Gott dem Satyr entgegenhält. Der Leser, der Rousseaus Hinweis

12 »Dans le petit nombre de Livres que je lis quelquefois encore, Plutarque est celui qui m'attache et me profite le plus. Ce fut la prémiére lecture de mon enfance, ce sera la derniére de ma vieillesse; c'est presque le seul auteur que je n'ai jamais lu sans en tirer quelque fruit.« IV, 1, *OCP* I, p. 1024; cf. III, 1 (1011), III, 25 (1023), IV, 42 (1039), IX, 21 (1095).

13 »Pour mettre à profit les leçons du bon Plutarque je résolus d'employer à m'examiner sur le mensonge la promenade du lendemain« IV, 1 (1024).

nachgeht, wird ihr im zweiten Absatz von Plutarch/Amyots *Comment on pourra tirer utilité de ses ennemis* begegnen. Es unterliegt keinem Zweifel, daß der Promeneur Solitaire der *Rêveries* sich um nichts weniger als der Prometheus des *Discours* bewußt ist, was er bei sich trägt und was er weitergeben will.

Die Rhetorik des Verzichts auf jede Rhetorik ist das hervorstechendste Element in der rhetorischen Zurüstung der *Rêveries*. Ihre prohibitive Wirkung entfaltet sie indes erst im Zusammenspiel mit zwei anderen Kunstgriffen. Rousseau oszilliert bei der Präsentation seines Lebens zwischen der Beschreibung einer Jedermanns-Existenz mit Erfahrungen und Gefühlen, Freuden und Leiden allgemeinmenschlichen Zuschnitts, die die Leser zum Mitleiden und Mitfreuen, zum Nachempfinden und Wiedererkennen einladen, und dem Beharren auf einem Ausnahme-Dasein, das in seiner Einmaligkeit niemandem erreichbar ist und dessen Exzentrizität alles überragt. Die Jedermanns-Existenz erlaubt die Identifikation mit dem Autor, der sich durch nichts wesentlich von seinen Lesern unterscheidet; das Ausnahme-Dasein schafft einen Abstand, der unüberbrückbar erscheint, und verweist auf eine Besonderheit, die so emphatisch herausgestellt wie in ihrer substantiellen Ausprägung für die gemeinen Leser im dunkeln gelassen wird. Ist der Jedermanns-Pol mit dem ersten Kunstgriff, mit der Rhetorik der ungehinderten Transparenz oder des Verzichts auf Rhetorik, zusammengeschlossen, so ist der Ausnahme-Pol aufs engste mit dem dritten Kunstgriff verbunden: Rousseau führt die Aktivität, die sein Leben trägt und seine Exzentrizität begründet, weder in ihrer direkten Ansicht noch in ihrer integralen Gestalt vor Augen. Er gibt sie nur im Medium der Verfremdung und Fragmentierung zu erkennen, spektral gebrochen und in Teilaspekte auseinandergelegt, die zu einem Ganzen zusammenzufügen und in eine Bewegung zu überführen Aufgabe des Lesers bleibt. Die *Rêveries* zeigen das Feuer der Philosophie im Widerschein des Wassers, in den Spiegelungen des Unbegrenzten, das näherer Bestimmung, des Unauffälligen, das sorgfältiger Betrachtung, der Oberfläche, die eingehender Auslegung bedarf.

Anhand ausgewählter Beispiele will ich umreißen, wie eine solche Auslegung ansetzen und wohin sie führen kann. Ich beginne beim Beginn, genauer gesagt, bei dem, was der eingangs zitierten Eröffnung des Buches vorausgeht: Ich beginne beim Titel. Er vereinigt in sich alle drei Typen von Titeln, die Rousseau bis dahin für Bücher verwendet hatte: Die Benennung erstens des Gegenstandes, einer literarischen Figur oder einer Sache (*Julie ou La Nouvelle Héloïse, Du contrat social, Émile ou de l'éducation*), zweitens der Gattung (*Discours, Essai, Lettre, Dictionnaire*), drittens einer Aktivität (*Discours, Les Confessions, Dialogues*). Die *rêveries* bezeichnen eine private Aktivität, die anders als *confessions*, *discours* oder *dialogues* nicht von vornherein auf ein Gegenüber, ein Auditorium, einen Adressaten verwiesen, sondern intrinsisch selbstgenügsam ist. Gleichwohl sind die *rêveries*, wenn sie schriftlich gefaßt werden, einem Leser zugänglich und, sobald sie gedruckt vorliegen, grundsätzlich jedem, der des Lesens mächtig ist. Als Buch mögen sie eine eigene Gattung begründen oder den Rang einer eigenen Gattung zugesprochen bekommen, so wie Montaignes *Essais*, die Rousseau in der *Première promenade* ausdrücklich zur Kontrastierung heranzieht,[14] eine neue

14 I, 14 (1001).

Gattung begründeten. Schließlich benennt der Titel *Les rêveries du Promeneur Solitaire* in seiner Verbindung der Aktivität *rêveries* mit dem Subjekt *Promeneur Solitaire* den Gegenstand des Buches. Die Aktivität, die der Titel exponiert, lädt den Leser ein, Vergleiche zu anderen herausragenden Werken anzustellen, die eine Aktivität des Autors zum Titel erhoben, so zu den *Meditationes* von Descartes oder den *Pensées* von Pascal. Beide Begriffe, *méditations* und *pensées*, die der Titel in den offen, unscharf gehaltenen *rêveries* aufnimmt und verschwinden läßt, sind im Buch an wichtigen Stellen präsent, und der Rückgang auf das Subjekt, das sich als letzte, nicht mehr hintergehbare Instanz des philosophischen Unternehmens der Selbstvergewisserung und der Welterschließung ins Auge faßt, eine Bewegung, die sich für viele mit dem Namen Descartes verbindet, ist ein Teil der Aktivität, die den *Rêveries* zugrundeliegt, ebenso wie die Auseinandersetzung mit der Religion, die Pascals Aufzeichnungen zum Gegenstand haben, einen Teil des Buches ausmacht. Im Unterschied zu Descartes' *Meditationes* oder Pascals *Pensées* folgt in Rousseaus Titel keine Angabe zur Sache, zu den Themen, auf die die *rêveries* gerichtet sind, und im Unterschied zu Montaignes *Essais* verwendet Rousseau den bestimmten Artikel und spricht von *Les rêveries*. Die Benennung der Aktivität findet ihre Fortsetzung in der Identifizierung *du Promeneur Solitaire*. Wir haben es mit den *rêveries* des, nicht irgendeines, solitären Spaziergängers zu tun. Der Titel zeigt in der Spannung zwischen der wenig spezifischen, im Undeutlichen belassenen, der Deutung bedürftigen Aktivität und dem höchst spezifischen, einsamen und einzig dastehenden Subjekt die Spannung an, die die Rhetorik des ganzen Buches durchzieht. Die von Rousseau im Titel klein

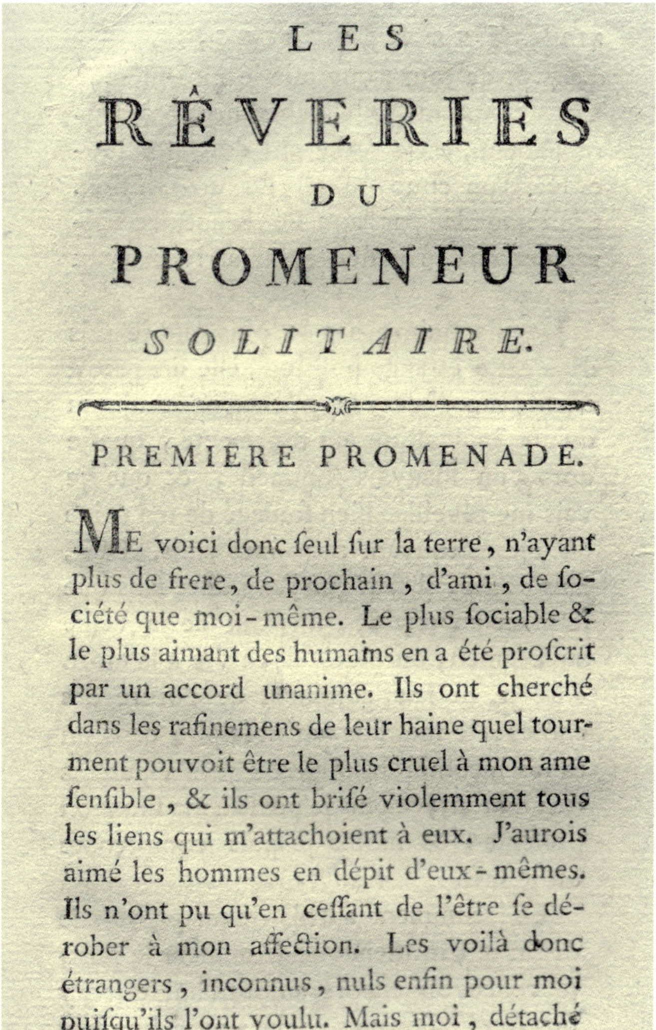

LES

RÊVERIES

DU

PROMENEUR

SOLITAIRE.

PREMIERE PROMENADE.

ME voici donc ſeul ſur la terre, n'ayant plus de frere, de prochain, d'ami, de ſociété que moi-même. Le plus ſociable & le plus aimant des humains en a été proſcrit par un accord unanime. Ils ont cherché dans les rafinemens de leur haine quel tourment pouvoit être le plus cruel à mon ame ſenſible, & ils ont briſé violemment tous les liens qui m'attachoient à eux. J'aurois aimé les hommes en dépit d'eux-mêmes. Ils n'ont pu qu'en ceſſant de l'être ſe dérober à mon affection. Les voilà donc étrangers, inconnus, nuls enfin pour moi puiſqu'ils l'ont voulu. Mais moi, détaché

O 2

Beginn der *Rêveries* in der *Collection complète des œuvres de J. J. Rousseau* (Genf 1782, Bd. XX in-8), veröffentlicht von den Nachlaßverwaltern Paul Moultou und Pierre-Alexandre Du Peyrou.

geschriebenen *rêveries* werden zu bestimmten *rêveries* durch den groß geschriebenen *Promeneur Solitaire*. Sie verlieren das Ungefähre, Unscharfe, Unbedenkliche, das das Wort suggeriert, erst, wenn sie als seine *rêveries*, von ihm ausgehend und zu ihm hinführend, verstanden sind. Umgekehrt wird sich dem Leser die Identität des *Promeneur Solitaire* nicht erschließen, solange er die Aktivität nicht zu verstehen weiß, in der sich diese Identität artikuliert und durch die sie ihre Gestalt gewinnt. *Les rêveries du Promeneur Solitaire* ist der einzige Titel Rousseaus, der zugleich das Resultat oder die Präsentation einer Aktivität und die zugrundeliegende Aktivität des Autors selbst bezeichnet, eine Aktivität, die nicht in dem Resultat aufgeht, das sie zeitigt, die ihre Wirklichkeit diesseits und jenseits der Präsentation im Buch behält. Der bestimmte Artikel deutet darauf hin, daß die *rêveries*, die uns vorliegen, daß genau die Promenaden, die Rousseau geschrieben und denen er eine Ordnung gegeben hat, durchdacht, als Ganzes in den Blick genommen und in ihrem Gang und Zusammenhang begriffen werden müssen, wenn die Aktivität erfaßt werden soll, die den Promeneur Solitaire auszeichnet. Die Aktivität trägt über das bloß Individuelle hinaus. Sie ist einem Typus zugeordnet. Sie läßt in ihrem individuellen Vollzug ein besonderes Allgemeines sichtbar werden. Der Titel verspricht uns nicht *Les rêveries de Jean-Jacques Rousseau,* sondern *Les rêveries du Promeneur Solitaire*.[15]

Warum Rousseau den Begriff *rêverie* wählt, liegt nach dem, was ich bisher vorgetragen habe, auf der Hand: Rousseau verwendet ihn, um auf die Aktivität, die für das philosophische Leben zentral ist, sowohl hinzuweisen als auch von ihr abzulenken. Die Rede von *rêverie* hält in der Schwebe, was dieses Leben tatsächlich ausmacht. Wir können die Antwort in zwei Antworten auseinanderlegen. (1) Rousseau ist darum bemüht, den Eindruck der Harmlosigkeit zu erwecken, das Bild eines »unschuldigen« Lebens zu zeichnen.[16] (2) Rousseau überläßt es dem Leser, der dazu fähig ist, vermöge ebenjener Aktivität zur Klarheit über die Aktivität zu gelangen, auf die der enigmatische Titel hinweist. Schon in den *Dialogues* hatte Rousseau nach Kräften

15 Der Titel, den Rousseau der Reinschrift des Manuskripts deutlich lesbar vorangestellt hat, wird in der Literatur durchweg falsch wiedergegeben. Daß die vom Gewohnten abweichende Groß- und Kleinschreibung Rousseaus unbeachtet geblieben ist, geht zunächst auf die Unachtsamkeit der Editoren seines Buches zurück, die – angefangen bei den Nachlaßverwaltern Moultou und Du Peyrou – den Titel niemals in seiner authentischen Gestalt setzen ließen. Zumeist werden die Unterscheidungen, die Rousseau vornimmt, durch die Verwendung von Versalien für alle fünf Wörter des Titels unkenntlich gemacht: Edition Paul Moultou und Pierre-Alexandre Du Peyrou in *Collection complète des œuvres de J. J. Rousseau*. Genf 1782, Bd. X in-4, Bd. XX in-8; John S. Spink: *Edition critique publiée d'après les manuscrits autographes*. Paris, Didier (Société des Textes français modernes), 1948; Marcel Raymond: *Edition critique*. Genf, Droz (Textes littéraires français), 1948, und *Œuvres complètes*. Bd. I. Paris, Gallimard (Bibliothèque de la Pléiade), 1959; Marie-Madeleine Castex. Paris, Imprimerie nationale (Lettres françaises), 1978; Marc Eigeldinger und Fréderic-S. Eigeldinger: *Fac-similé du manuscrit original*. Genf, Slatkine, 1978. Oder die Wiedergabe lautet *Les Rêveries du Promeneur solitaire*: Edition S. de Sacy. Paris, Gallimard (Folio), 1972; ebenso in den Einleitungen, Erläuterungen etc. bei John S. Spink (1948), Marcel Raymond (1959), Marie-Madeleine Castex (1978); oder *Les Rêveries du promeneur solitaire*: Edition Henri Roddier. Paris, Garnier (Classiques), 1960; oder *Les rêveries du promeneur solitaire*: Michel Launay in *Rousseau Œuvres complètes*. Bd. I. Paris. Seuil (l'Integral), 1967; Bernard Gagnebin. Paris, Le livre de poche, 1972; Érik Leborque. Paris, Flammarion, 1997; oder der Titel wird von Anfang an verkürzt zu *Rêveries du promeneur solitaire*: Edition Michèle Crogiez. Paris, Le livre de poche, 2001. Allerdings konnte sich jeder interessierte Leser seit 1948 über die authentische Gestalt des Titels unterrichten, denn John S. Spink transkribierte ihn an einer Stelle seiner Einleitung korrekt (p. XLVII) und bildete ihn in der Handschrift Rousseaus ab, ohne den Besonderheiten von Rousseaus Schreibweise indes Aufmerksamkeit zu schenken oder sie für die Edition selbst zu berücksichtigen. Entsprechendes gilt für die Faksimile-Edition von Marc und Fréderic- S. Eigeldinger von 1978. Die jüngste deutsche Ausgabe enthält ebenfalls ein Faksimile des Rousseauschen Titels. Bei der Übertragung der fünf Wörter bringt sie es dann auf drei Fehler: *Träumereien eines einsamen Spaziergängers* (Stuttgart, Philipp Reclam jun., 2003).

16 II, 6 (1004); VII, 1 (1061); VII, 30 (1073). Cf. I, 15 (1001); II, 25 (1010); III, 19 (1019); III, 22 (1022); VI, 12 (1056).

versucht, den Eindruck der Harmlosigkeit hervorzurufen. Welche Gefahr könnte von einem Autor ausgehen, der nicht gerne schreibt – obschon er, wie uns im selben Buch in Erinnerung gebracht wird, innerhalb weniger Jahre Tausende von Seiten schrieb? Oder von einem Denker, der sich zum Denken zwingen muß – wenngleich er, wie wir ebenfalls erfahren, tief nachzudenken gelernt, ja so tief wie nur irgend jemand nachgedacht hat?[17] Was wäre von einem unschuldig Verfolgten zu befürchten, der in der Welt seiner Einbildungskraft dem Unglück seines Lebens zu entkommen sucht? Was von einem einsamen Träumer, der sich seit langem fast ausschließlich mit Musik und Botanik befaßt? Oder der, wenn er seine natürliche Indolenz überwindet, um einer sachlichen Frage nachzugehen und sich auf ein theoretisches Problem zu konzentrieren, wie er das früher tat, und sich jetzt noch gelegentlich, von jemandem gebeten, zur Ausarbeitung einer Schrift wie der *Considérations sur le gouvernement de Pologne* bereit findet, sich von nichts anderem als »von der Vorstellung des zukünftigen Glückes des Menschengeschlechts und von der Ehre, zu ihm beizutragen,«[18] leiten läßt? Die *Rêveries* nehmen diese rhetorische Strategie bereits im Titel auf. Sie malen das Bild der *Dialogues* vom Denker, dem das Denken vor allem Mühe und Last ist, weiter aus und versehen es zur Krönung des Gesamteindrucks – nicht zufällig in der *Cinquième promenade* – mit dem Slogan vom »köstlichen *far niente*«.

Betrachten wir den Gebrauch, den Rousseau von *rêverie* im Text macht. Zum erstenmal taucht das Wort im

17 *Rousseau juge de Jean-Jacques. Dialogues* II, *OCP* I, p. 829 und 791; cf. p. 816, 820 und III, p. 936.

18 *Rousseau juge de Jean-Jacques* II, p. 829.

ersten Satz des 13. Absatzes der *Première promenade* auf: »Ces feuilles ne seront proprement qu'un informe journal de mes rêveries.« Der Begriff hat hier dieselbe Offenheit wie im Titel des Buches. Auch die Doppelung von Aktivität und Resultat der Aktivität, die bei der zweiten und letzten Verwendung innerhalb der *Première promenade* zugunsten des Resultats aufgegeben wird, bleibt gewahrt. Doch schon im nächsten Satz nimmt Rousseau eine Bestimmung vor: er nennt sich, das Subjekt und den Autor der *rêveries*, die »diese Blätter« enthalten, »un solitaire qui réflechit«. *Réflechir* tritt an die Stelle von *rêver* und erläutert, präzisiert, bestimmt so *rêveries*. Rousseau bedient sich des Mittels der Erläuterung, Präzisierung und Bestimmung durch Ersetzung oder stillschweigendes Übergehen zu einem schärfer konturierten Begriff nach dem Vorbild dieser Stelle immer wieder. Alle weiteren Verwendungen von *rêverie* zur Bezeichnung einer Aktivität sind den *Promenades* II, V und VII vorbehalten. Die aufschlußreichste für unsere Frage, weshalb Rousseau den Begriff im Titel herausstellt, findet sich im ersten Absatz der *Deuxième promenade*. Er bildet mit den drei folgenden Absätzen die Einleitung zur einzigen Promenade, die im engeren Sinn als Darstellung eines Spaziergangs gelten kann, und zugleich eine so konzise wie bedeutende zweite Einleitung zu den *Rêveries* insgesamt. Rousseau kündigt an, er werde, um sein Vorhaben auszuführen, »l'état habituel« seiner Seele »in der absonderlichsten Lage, in der sich ein Sterblicher jemals befinden kann«, zu beschreiben, ein »getreues Register« – in Gestalt des Buches, das wir vor uns haben – anlegen »de mes promenades solitaires et des rêveries qui les remplissent quand je laisse ma tête entiérement libre, et mes idées suivre leur pente sans resistance et sans gêne«. Die *rêveries* bezeichnen die

Aktivität, die sich bei Rousseau, in und für Rousseau, von selbst einstellt, sobald sein Kopf ganz frei ist und er seiner Neigung folgen kann. Sie erfaßt ihn und erfüllt seine einsamen Spaziergänge, wenn er seinen Ideen ohne Hinderung und ohne Beschränkung nachzugehen vermag: sofern er keinem Gesetz unterliegt, niemandem Gehorsam schuldet, durch keine Pflicht gebunden und durch keinen Auftrag festgelegt ist, weder nach dem Urteil anderer fragt, noch Ansehen bei ihnen zu erwerben sucht, oder sich um seine Wirkung auf Öffentlichkeit und Nachwelt sorgt. *Rêverie* wird zunächst negativ bestimmt: Es ist die Aktivität, die frei ist von jedem äußeren Zwang und jeder praktischen Abzweckung.[19] Die positive Bestimmung folgt im unmittelbar anschließenden Satz, wiederum auf dem Wege der Ersetzung: »Ces heures de solitude et de méditation sont les seules de la journée où je sois pleinement moi et à moi sans diversion, sans obstacle, et où je puisse véritablement dire être ce que la nature a voulu.« Rousseau ist ganz er selbst, wenn er in seiner Einsamkeit, durch nichts und niemanden beeinträchtigt, die Aktivität entfalten kann, die ihm gemäß ist. Er ist für sich und bei sich, wenn er nachdenkt. Einsamkeit und Nachdenken erlauben ihm, das zu sein, »was die Natur gewollt hat«. An der Stelle, an der Rousseau *solitude* und *méditation* miteinander verknüpft, tritt die Natur im Buch zum erstenmal in Erscheinung.

Wie können wir diese Konstellation verstehen? Und was sagt uns Rousseaus Rede vom »être ce que la nature a voulu«? Ich will drei Momente erwähnen. (1) Im Nachdenken, das in der Einsamkeit zu sich kommt, aktualisiert

19 Cf. *Rousseau juge de Jean-Jacques* II, p. 841, 845, 849, 865.

Les Charmettes bei Chambéry. Ort, auf den sich die *Dixième promenade* bezieht. Rousseau lebte dort von 1735 bis 1742 bei Madame de Warens. (Stich von J. Werner. Genève, Centre d'Iconographie Genevoise.)

Rousseau eine besondere Fähigkeit seiner Natur. Ohne ihre Aktualisierung wäre er nicht der, der er ist, und sein Leben nicht das, was es im besten Fall sein kann. Sie zeichnet ihn so sehr aus, daß er im Titel des Buches für einen Typus einstehen kann. Im unmittelbar vorangegangenen Absatz, am Ende der *Première promenade*, hatte Rousseau die von ihm schriftlich fixierten *rêveries* als die Frucht seiner »méditations solitaires« bezeichnet und hinzugesetzt, deren Quelle könne nur mit seiner Seele selbst verlöschen.[20] (2) Die Entfaltung der Aktivität, die nicht eher verlöscht, als bis seine Seele stirbt, ermöglicht es Rousseau, mit der eigenen Natur im Einklang zu sein. Er ist nicht nur ganz er selbst, wenn er in der Einsamkeit nachdenkt. Sein Nachdenken – über

20 I, 15 (1001).

die Natur im allgemeinen, über die menschliche Natur im besonderen, über die Natur des »Promeneur Solitaire«, über seine individuelle Natur – hat eine durchgreifende, eine prägende Wirkung. Es veranlaßt ihn zur »habitude de rentrer en moi-même«. Dem Beisichselbstsein des Nachdenkens und dem Beisichselbsteinkehrhalten des bewußten Lebens im Ganzen verdankt sich Rousseaus Einsicht in die Möglichkeiten seiner Autarkie und seines Glücks: »ich lernte so durch meine eigene Erfahrung, daß die Quelle des wahren Glücks in uns ist und daß es nicht von den Menschen abhängt, den wahrhaft elend zu machen, der glücklich sein zu wollen weiß«. Zur Erläuterung zieht Rousseau – wir befinden uns noch immer in der Einleitung der *Deuxième promenade* – die »inneren Wonnen« heran, welche »les ames aimantes et douces« in der Kontemplation finden.[21] (3) Wenn Rousseau ganz er selbst ist und seine besondere Natur verwirklicht, entspricht er der allgemeinen Natur. In der Sammlung der Einsamkeit und des Nachdenkens, die ihm ein freies Ausgreifen auf die Welt und eine liebende Hinwendung zu dem, was außer ihm ist, eröffnet, in der bewußten Teilhaftigkeit steht er im Einklang mit der Natur als dem umgreifenden Ganzen.

Das Projekt, den »état habituel« seiner Seele »in der absonderlichsten Lage, in der sich ein Sterblicher jemals befinden kann«, zu beschreiben, die wissenschaftliche Beobachtung und Aufzeichnung der »Modifikationen« seiner Seele, die Rousseau, wie er in der *Première promenade* erklärte, vornehmen wollte, indem er, dem Beispiel der Physiker folgend, die den täglich wechselnden Zustand der

21 II, 3 (1002-1003).

Luft untersuchen, das Barometer an seine Seele anlegt,[22] dieses Unternehmen mündet nach wenigen Sätzen in die Frage, wie, wann und wo Rousseau das sein kann, »was die Natur gewollt hat«. Das »getreue Register«, von dem Rousseau in der Einleitung spricht, wird vor allem festhalten, was Rousseau *ist* und was er *bleibt*, gleichgültig in welch widrige Lage er versetzt wird. Das »einzigartige« Komplott, die »einzigartige« Verfolgung, das »einzigartige« Schicksal dienen am Ende dazu zu zeigen, daß der Promeneur Solitaire auch unter den ungünstigsten Bedingungen ganz bei sich zu sein vermag.

Kehren wir noch einmal zum Begriff *rêverie* zurück. Wie erwähnt, tritt er als Bezeichnung einer Aktivität nur in den *Promenades* II, V und VII auf. Durch Ersetzung und Abgrenzung wird *rêverie* als *réflexion*, *méditation*, *contemplation* näher bestimmt und als wesentlich frei von gesellschaftlichem Zwang oder ihr äußerlich bleibender Abzweckung charakterisiert. *Rêverie* dient Rousseau als Wegweiser zur philosophischen Aktivität des Promeneur Solitaire und als deren Abbreviatur. Außerhalb der *Deuxième*, der *Cinquième* und der *Septième promenade*, die, in ihrem inneren Verweisungszusammenhang gelesen, ein Argument zur Autarkie und zum Glück des philosophi-

22 »Une situation si singuliére mérite assurement d'être examinée et décrite, et c'est à cet examen que je consacre mes derniers loisirs. Pour le faire avec succés il y faudroit proceder avec ordre et methode: mais je suis incapable de ce travail et même il m'écarteroit de mon but qui est de me rendre compte des modifications de mon ame et de leurs successions. Je ferai sur moi-même à quelque égard les operations que font les physiciens sur l'air pour en connoitre l'état journalier. J'appliquerai le baromettre à mon ame, et ces operations bien dirigées et longtems repetées me pourroient fournir des resultats aussi surs que les leurs. Mais je n'étens pas jusques-là mon entreprise. Je me contenterai de tenir le registre des opérations sans chercher à les reduire en systême.« I, 14 (1000-1001).

schen Lebens entwickeln, kommt das Wort *rêverie* tatsächlich nur viermal (von vierundzwanzigmal insgesamt) im Buch vor. Auf den Titel und die beiden Verwendungen in der *Première promenade* bin ich bereits eingegangen. Die vierte und die letzte Verwendung überhaupt findet sich am Ende der *Huitième promenade*. Rousseau bekräftigt dort, was er zu Beginn der *Deuxième promenade* auseinandergesetzt hatte: daß er, einerlei, was ihm widerfährt, zu sich zu kommen und wieder das zu werden vermag, »was die Natur gewollt hat«. Ausdrücklich erklärt er jetzt, sein »état le plus constant« sei trotz seines Schicksals der Zustand, in dem er ein Glück genießt, für das er sich geschaffen fühlt, »un bonheur pour lequel je me sens constitué«. Dann fügt er hinzu: »J'ai décrit cet etat dans une de mes reveries«. Rousseau verweist den Leser an die *Cinquième promenade*, das Herzstück und den Höhepunkt des Buches, zurück. *Rêverie* wird in der abschließenden Verwendung des Wortes zum Synonym für *promenade*.[23] Damit stimmt eine Notiz zusammen, die Rousseau bei der Arbeit an den *Rêveries* auf die Rückseite einer der Spielkarten schrieb, die er auf seinen Spaziergängen bei sich trug: »Um den Titel dieser Sammlung recht zu erfüllen, hätte ich vor sechzig Jahren mit ihr beginnen müssen: denn mein ganzes Leben ist kaum etwas anderes gewesen als eine lange *rêverie*, die durch meine täglichen *promenades* in Kapitel unterteilt wurde.«[24] *Les rêveries du Promeneur Solitaire* geben uns nicht die Kapitel, in die sich das Leben Rousseaus untertei-

23 VIII, 23 (1084).

24 »Pour bien remplir le titre de ce recueil je l'aurois du commencer il y a soixante ans: car ma vie entiére n'a guére été qu'une longue réverie divisée en chapitres par mes promenades de chaque jour.« *Ebauches des Rêveries* 1, *OCP* I, p. 1165.

len läßt. Statt dessen erlauben die zehn *Rêveries*, aus denen »die Sammlung« besteht, einen Blick auf die Wege, die der *Promeneur Solitaire*, der Aktivität folgend, die er *rêverie* nennt, gegangen ist und immer neu geht. Es sind die Wege, auf denen er seine Natur verwirklicht. Die *Rêveries* sind die verbergende Entbergung des philosophischen Lebens, in dem Rousseau seine Bestimmung findet. Die zehn *Promenades* geben uns die Kapitel, in denen sich dieses Leben artikulieren läßt.

Das philosophische Leben beginnt nicht mit der Geburt, aber es endet definitiv mit dem Tod des Individuums, das ein philosophisches Leben führt. Sein Beginn steht deshalb in einem höheren Maße und in einem anderen Sinn in Frage als sein Ende. Der Beginn des philosophischen Lebens ist selbst Gegenstand philosophischer Reflexion und möglicher philosophischer Kontroverse. Er hat in jedem Fall eine Vorgeschichte. Er bedarf der Vorbereitung, und er verlangt Vergewisserung. Der Tod bricht das philosophische Leben ab, irgendwo und irgendwann in seinem Lauf. Er setzt ihm, sofern er nicht selbstgewählt ist, von außen in es einfallend, ein Ende. Die *Rêveries*, die im Ganzen wie im Einzelnen das philosophische Leben mimetisch repräsentieren, tragen den Besonderheiten des Beginns und des Endes in ihrer Form Rechnung. Sie beginnen nicht mit dem Beginn, sondern in einem Danach, das der Eröffnungssatz unvermittelt evoziert: »Me voici donc seul«. Und sie enden nach dem Vorbild des tatsächlichen Endes. Sie haben keinen Schluß, den der Autor als *finis operis* beglaubigte. Sie hören auf, ohne sich zu erschöpfen. Sie verstummen, ohne alles gesagt zu haben, was zu sagen wäre. Ihr Ende folgt nicht einer inneren Notwendigkeit. Es wird durch den Tod bestimmt. Der Tod, nicht der Autor, beendet die *rêveries* des Promeneur Solitaire. Indem der Autor zuläßt, daß seine »Sammlung« abbricht, gibt er den *Rêveries* ihren vollkommenen Schluß.

Zu Beginn der *Septième promenade* hatte Rousseau das Ende des Buches angekündigt. Die siebte *Rêverie*, die im Gewand der »Botanik« die philosophische Betrachtung der Natur oder die *theoria* im engeren Sinne zum Thema hat, die einzige *Rêverie* im übrigen, die einen Philosophen als Philosophen beim Namen nennt und als Vorbild heranzieht, hätte sich aus einer Reihe von Gründen sehr gut geeignet, um dem Buch einen angemessenen Schluß zu geben. Im letzten Satz erinnert sich Rousseau an seine Jugend. Er wiederholt den »unschuldigen« Charakter seiner Vergnügen und bekräftigt seine Fähigkeit, glücklich zu sein inmitten »des traurigsten Loses, das jemals einem Sterblichen zugefallen ist«. Die beiden letzten Wörter lauten: »un mortel«.[25] Rousseau hat von den ersten sieben *Rêveries* eine Reinschrift angefertigt, wie er das so oft zuvor in seinem Leben als Autor mit seinen Manuskripten tat, um sie für den Satz und Druck vorzubereiten. Aber dann setzt er neu an. Er schreibt die *Huitième promenade*. Sie wendet, nachdem die vorausgegangene Promenade die Aufmerksamkeit auf die Welt in ihrer natürlichen Artikulation richtete, den Blick zurück auf den *Promeneur Solitaire*, dessen erotische Natur ihn in Gefahr bringt, im Zugehen auf die Welt, in der »Expansion seiner Seele« sich selbst aus dem Auge zu verlieren. Rousseau macht sein Leben abermals zum Gegenstand der Reflexion, der Prüfung und Selbstbesinnung. Er treibt die Analyse noch entschiedener und wei-

25 VII, 30 (1073).

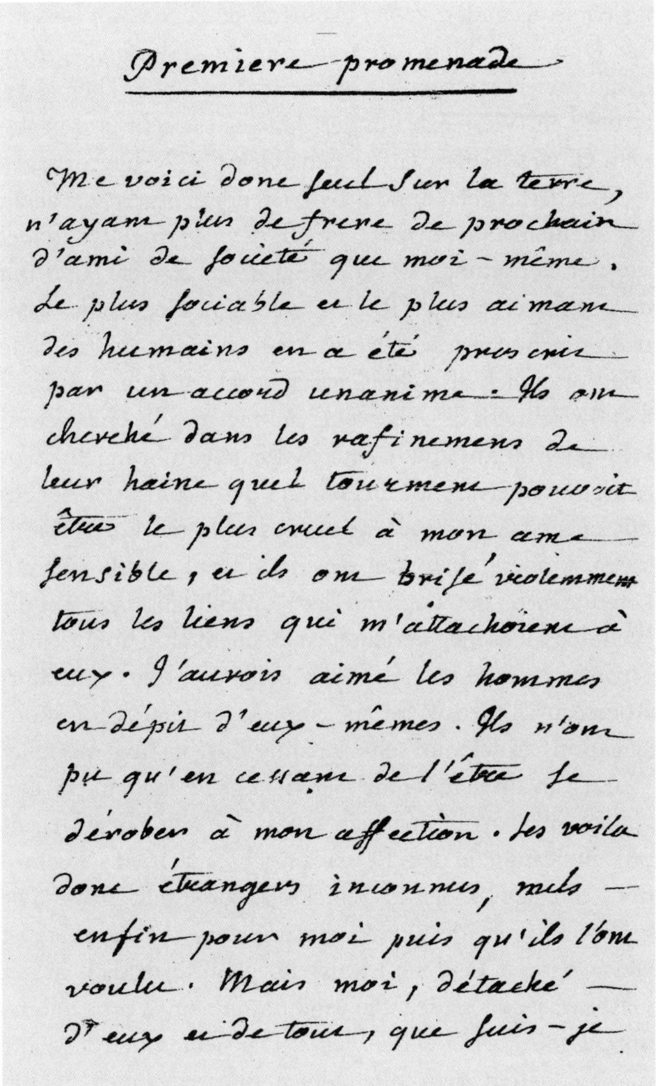

Premiere promenade

Me voici donc seul sur la terre, n'ayant plus de frere de prochain d'ami de société que moi-même. Le plus sociable et le plus aimant des humains en a été proscrit par un accord unanime. Ils ont cherché dans les rafinemens de leur haine quel tourment pouvoit être le plus cruel à mon ame sensible, et ils ont brisé violemment tous les liens qui m'attachoient à eux. J'aurois aimé les hommes en dépit d'eux-mêmes. Ils n'ont pu qu'en cessant de l'être se dérober à mon affection. Les voila donc étrangers inconnus, nuls enfin pour moi puis qu'ils l'ont voulu. Mais moi, détaché d'eux et de tout, que suis-je

Beginn der Reinschrift der *Promenades* I-VII, MsR 78, Bibliothèque publique et universitaire, Neuchâtel.

ter voran als in den sieben Promenaden zuvor. Am Beispiel der Unterscheidung von *amour de soi* und *amour-propre* demonstriert er ad oculos, daß er auch zu einem Thema, das er über ein Vierteljahrhundert hinweg bedacht und in seinem Œuvre immer wieder behandelt hat, Neues zu sagen weiß, schärfer gefaßt und provozierender vorgetragen als an irgendeinem anderen Ort. Die *Huitième promenade* rundet mit der Vertiefung, die Rousseau in ihr erreicht, und mit dem schon erwähnten Rückverweis des Lesers an das Zentrum des Buches die *Rêveries* zu einem Ganzen. Sie hätte sich vorzüglich als Schluß geeignet. Doch Rousseau fährt fort. Er schreibt die *Neuvième promenade*, die eine Erweiterung vornimmt und in einer Art Parallelführung zur *Septième* die überragende Bedeutung des Sehens, des Sehens mit eigenen Augen im Unterschied nicht nur zum Hörensagen, sondern auch zum Ausmalen der Einbildungskraft, herausarbeitet, jetzt anhand der Kontemplation, die auf die Welt der Menschen gerichtet ist. Schließlich schreibt er die *Dixième promenade*. Sie ist der Liebe gewidmet und führt Rousseaus Lebensweise auf eine prägende Ausgangskonstellation zurück, um seine gesamte Entwicklung aus einer Wurzel, in ihrer inneren Folgerichtigkeit zu denken. Der zehnte Spaziergang markiert damit den äußersten Gegenpol zum ersten, in dem Rousseau sich zunächst als Spielball der »directeurs« seines Schicksals vorgestellt hatte. Die zehnte Promenade umfaßt einen einzigen Absatz. Sie ist genau datiert. Und sie ist als einzige ausdrücklich in der Gegenwart angesiedelt. Sie beginnt mit dem Wort »aujourdui«. Die *Rêveries* enden *heute*. Die siebte oder die achte *Rêverie* hätten dem Buch einen überzeugenden Schluß gegeben. Das Fehlen des auktorialen Ende indes, ihr Abbrechen vollendet die *Rêveries* als Meisterwerk der Mimesis.

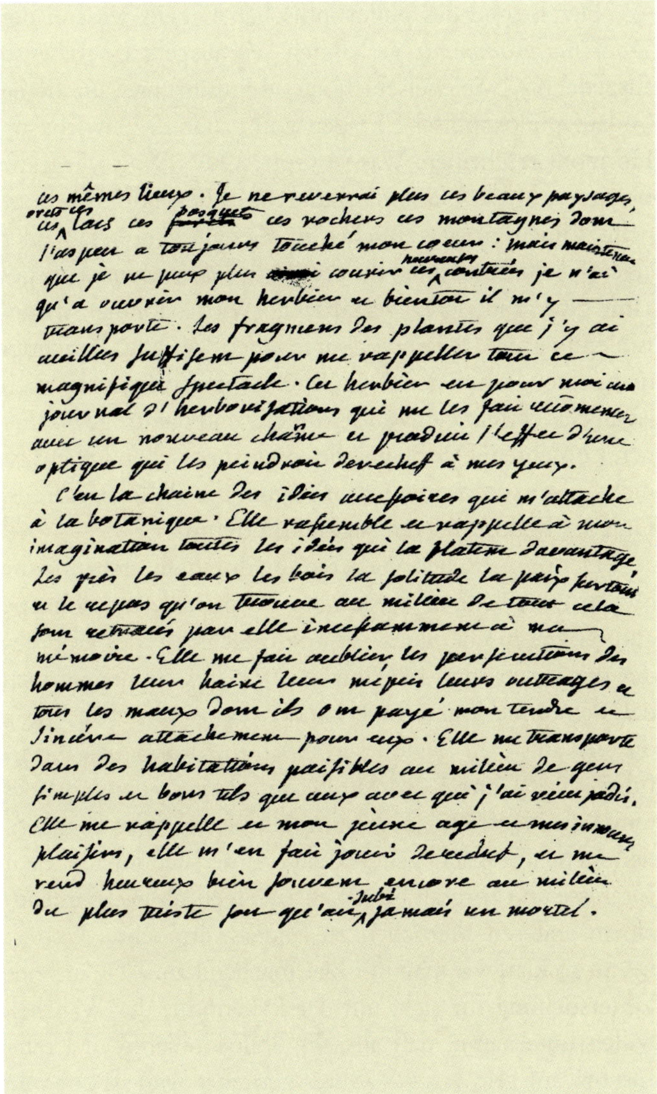

ces mêmes lieux. Je ne reverrai plus ces beaux paysages, ces vergers ces lacs ces bosquets ces rochers ces montagnes dont l'aspect a toujours touché mon cœur : mais maintenant que je ne peux plus courir ces heureuses contrées je n'ai qu'à ouvrir mon herbier et bientôt il m'y transporte. Les fragmens des plantes que j'y ai cueillies suffisent pour me rappeller tout ce magnifique spectacle. Cet herbier est pour moi un journal d'herborisations qui me les fait recommencer avec un nouveau charme et produit l'effet d'une optique qui les peindroit derechef à mes yeux.

C'est la chaine des idées accessoires qui m'attache à la botanique. Elle rassemble et rappelle à mon imagination toutes les idées qui la flattent davantage. Les prés les eaux les bois la solitude la paix surtout et le repos qu'on trouve au milieu de tout cela sont retracés par elle incessamment à ma mémoire. Elle me fait oublier les persécutions des hommes leur haine leur mépris leurs outrages et tous les maux dont ils ont payé mon tendre et sincère attachement pour eux. Elle me transporte dans des habitations paisibles au milieu de gens simples et bons tels que ceux avec qui j'ai vécu jadis. Elle me rappelle et mon jeune age et mes innocens plaisirs, elle m'en fait jouir derechef, et me rend heureux bien souvent encore au milieu du plus triste sort qu'ait subi jamais un mortel.

Schluß der *Septième promenade* und Ende der Reinschrift des Manuskripts MsR 78. Die beiden letzten Worte: *un mortel*.

Der Beginn des philosophischen Lebens wird in der *Troisième promenade* verhandelt. Vorausgeht eine ebenso ausgedehnte wie vielschichtige »Hinführung«, in deren Verlauf philosophische Fragen von größtem Gewicht am Horizont erscheinen: Was ist Gott? Oder: Worin liegt die Bestimmung der Natur? Vorausgeht insbesondere die doppelte Einleitung des Buches in Gestalt der ersten oder eigentlichen Einleitung, die die *Première promenade* insgesamt gibt, und deren verkürzter »Wiederholung« in der Einleitung zur *Deuxième promenade*. Rousseau berichtigt in ihr einen Irrtum der ersten Einleitung, die ihrerseits reich ist an Berichtigungen von Irrtümern und daraus gewonnenen Einsichten. Der Beginn des philosophischen Lebens ist nicht gleichzusetzen mit dem Beginn des Philosophierens. Und das Philosophieren beginnt im Irrtum.

Der mimetischen Vorbereitung durch die erste und die zweite entspricht in der dritten Promenade eine knappe autobiographische Skizze zur Vorgeschichte des Beginns, der uns beschäftigt. Die Skizze ist im Text so angeordnet, daß der aufmerksame Leser zu der philosophischen Frage, die sich mit dem Beginn verbindet, unaufdringlich hingeführt wird. Denn Rousseau betont, daß er »dans tous les tems« die Natur und die Bestimmung seines Seins zu erkennen suchte. Er macht geltend, diese Untersuchung mit mehr Interesse und Sorgfalt betrieben zu haben, als er bei irgendeinem anderen Menschen zu finden vermochte. Und er macht so klar, wie man nur klar machen kann, daß er seine Untersuchung für sich, um der Erkenntnis der Wahrheit willen unternahm, daß all sein Philosophieren in letzter Instanz auf sein eigenes Gutes gerichtet war: »Pour moi quand j'ai désiré d'apprendre c'étoit pour savoir moi-même et non pas pour enseigner; j'ai toujours cru qu'avant d'instruire les autres il falloit commencer par savoir assez pour soi, et de toutes les études que j'ai taché de faire en ma vie au milieu des hommes il n'y en a guére que je n'eusse faite également seul dans une ile deserte où j'aurois été confiné pour le reste de mes jours.«[26] Es versteht sich, daß Rousseau für die nötige Einbettung sorgt, die diese Aussage verlangt. Doch kehren wir zu unserer Frage zurück. Sie erhält durch die Kontinuität, die Rousseau für sein Philosophieren beansprucht, um so größeres Gewicht. Wie ist der Beginn des philosophischen Lebens zu denken? Wie wäre eine Diskontinuität anzusetzen in einer Entwicklung, die nach allem, was Rousseau in den *Rêveries* zu erkennen gibt, einer inneren Notwendigkeit unterliegt und ganz im Einklang mit seiner Natur steht? Als Durchbruch einer latenten Tendenz dieser Natur? Als eine grundstürzende Einsicht, die die wichtigsten Bezüge, innerhalb deren sich jene Entwicklung vollzieht, plötzlich in einem anderen Licht erscheinen läßt? Als das Bewußtwerden des distinkten Charakters eines Lebens, das dem philosophischen Eros folgt und erst im Bewußtsein seiner Unterschiedenheit zu sich kommt? Die autobiographische Skizze, die Rousseau einfügt, nimmt ihren Ausgangspunkt bei den Sitten und der Frömmigkeit, in denen Rousseau aufwuchs, um die Linie über die religiöse Erziehung und die Lektüre seiner Jugend, die ihn, wie uns versichert wird, »dévot presque à la maniére de Fenelon« machten, geradewegs bis zu seiner philosophischen Aktivität durchzuziehen, bis zum »Nachdenken in der Zurückgezogenheit, dem Studium der Natur, der Kontemplation des Universums«. Keine Abkehr von teuren Glau-

26 III, 5 (1012-1013).

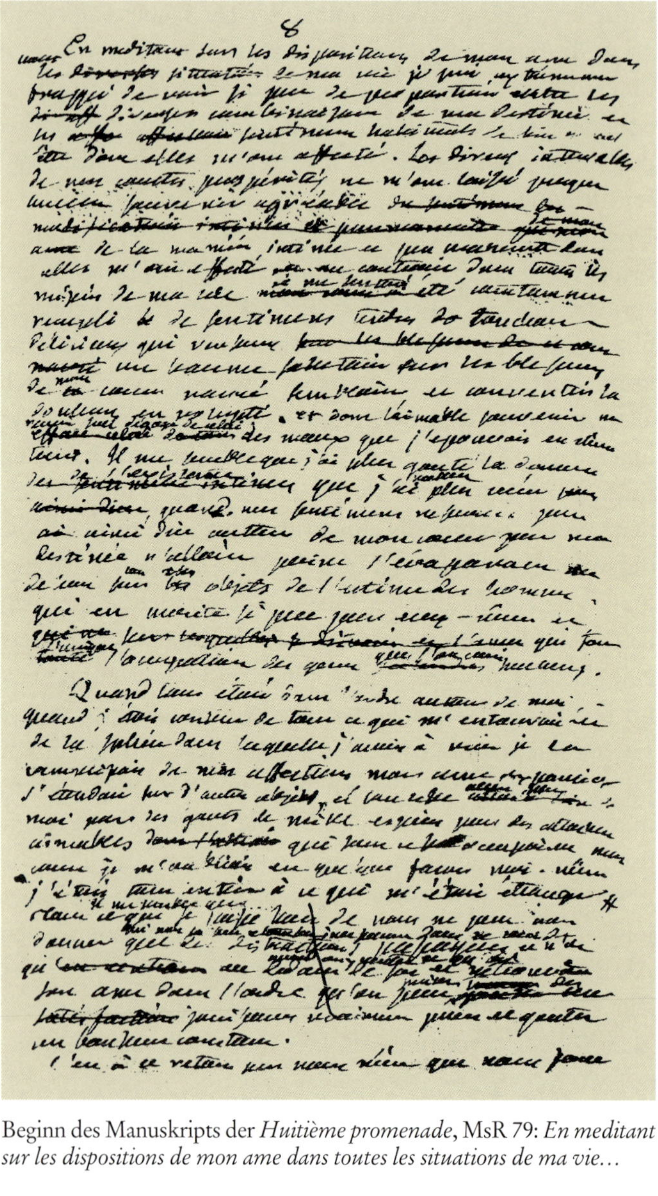

Beginn des Manuskripts der *Huitième promenade*, MsR 79: *En meditant sur les dispositions de mon ame dans toutes les situations de ma vie…*

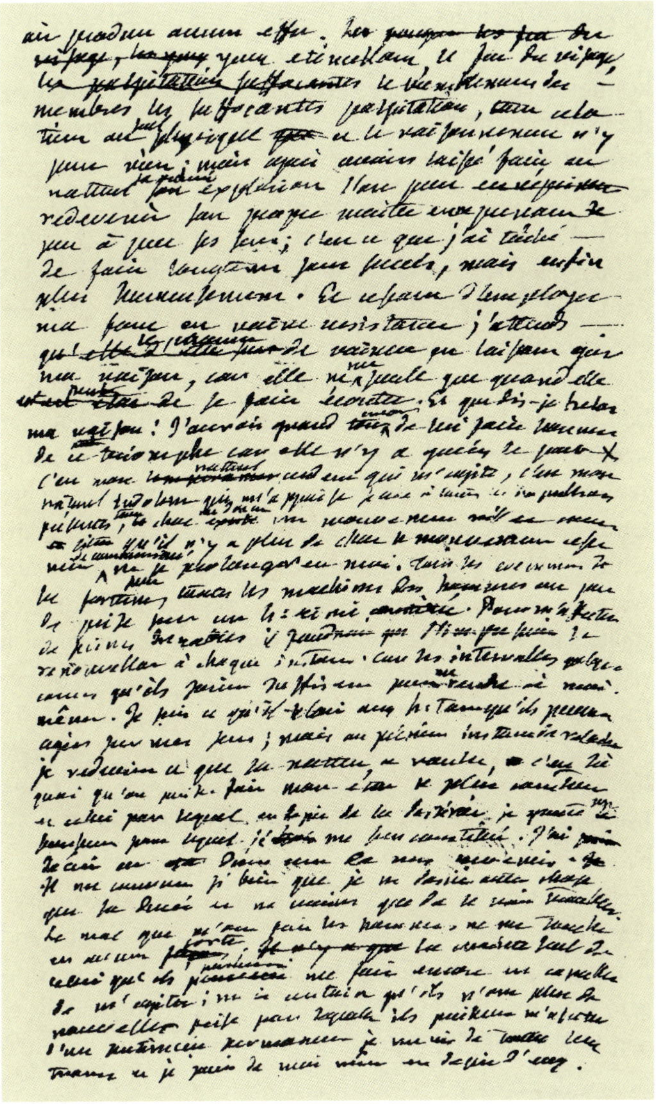

Schluß der *Huitième promenade* mit Rückverweis auf die *Cinquième promenade.*

bensüberzeugungen, kein Brechen mit eingewurzelten Vorurteilen, keine Krise, keine Periagogé. Aber dann kommt Rousseau auf eine »große Revolution« zu sprechen, die er auf das 40. Lebensjahr datiert: Sie wurde aus einem lange gefaßten Entschluß geboren und war auf den festen Willen gegründet, alle Meinungen einer strengen Prüfung zu unterziehen. Rousseau setzt jetzt, in der Mitte seines Lebens, eine »große Revision« ins Werk, von der er nichts ausnimmt, in der es um Leben und Tod geht. Ihr zentraler Gegenstand ist der Glaube: die Pflichten und Erwartungen der Moral, die Gebote und Hoffnungen der Religion. Um sich Klarheit zu verschaffen, wie er leben soll und wie er sich bei seinem Tod befinden will, wählt Rousseau »für eine gewisse Zeit« eine Lebensweise, die ganz im Dienst seines Unternehmens steht. Die Lebensweise, die Rousseau einschlägt, um in langem und ungestörtem Nachdenken eine Antwort auf die Frage zu finden, was das richtige Leben sei, stellt sich als die Lebensweise heraus, die er als gut für sich erkennt und die er deshalb für den Rest seiner Tage beibehalten will.[27]

Mit der Rede von der »grande revue« und der »grande révolution« weist Rousseau nachdrücklich auf den tiefen Einschnitt hin, den der Beginn des philosophischen Lebens bedeutet. Zwei Aspekte in Rousseaus Darstellung der Zäsur verdienen besondere Erwähnung. Zum einen erfordert die »große Revision« den Einsatz aller Kräfte und Fähigkeiten, nicht zuletzt Mut und Beharrlichkeit im Fragen. Rousseau scheut sich nicht zu erklären, daß er, als er den Dingen auf den Grund zu gehen suchte und die Aus-

27 III, 6-10 (1013-1015).

richtung an dem, was die »prudence commune« lehrt, hinter sich ließ, zum erstenmal in seinem Leben Mut bewies. Um die Lage nach der Abstoßung vom Überkommenen und Geglaubten auszudrücken, verwendet er eine Variante des Bildes vom Seefahrer, der sich auf das offene Meer begibt, ohne zu wissen, ob er jemals wieder festen Boden unter den Füßen haben wird. Wer sich in einer solchen Lage sah, wer alles aufbieten mußte, um eine Herausforderung zu bestehen, von der nicht weniger als sein »sort total« abhing, der wird ein deutliches Bewußtsein vom Beginn haben und sich der Gründe erinnern, die der Prüfung standhielten.[28] Zum anderen erfaßt die »große Revolution« alle Lebensbereiche. Nichts ist grundsätzlich von ihr ausgenommen oder bleibt ihrer Ausstrahlung entzogen. Noch in der Veränderung von Äußerlichkeiten, in der Reform des Umgangs oder in der Neuordnung des Tagesablaufs mag sie ihren Niederschlag finden. Dem Willen zu einem begründeten Leben tritt der Wille zu einem stimmigen Leben zur Seite. Beides, die Rücksichtslosigkeit des Fragens und das Streben nach Konsistenz, verbindet sich für Rousseau mit dem Beginn des philosophischen Lebens.

Die einzelnen Promenaden zeigen das philosophische Leben in Bewegung. Sie führen vor Augen, wie in ihm der Beginn fortwirkt und das Ende bedacht wird. Wie das Philosophieren im Leben selbst seinen Anhalt hat und seine verwandelnde Kraft bewährt. Wie es sich an einer Lesefrucht entzündet oder einen Angriff von außen zum eigenen Guten wendet. Wie ein unerwartetes Ereignis ungeahnte Erfahrungen eröffnet, die eine genaue Analyse ver-

28 III, 14-15 (1016-1017).

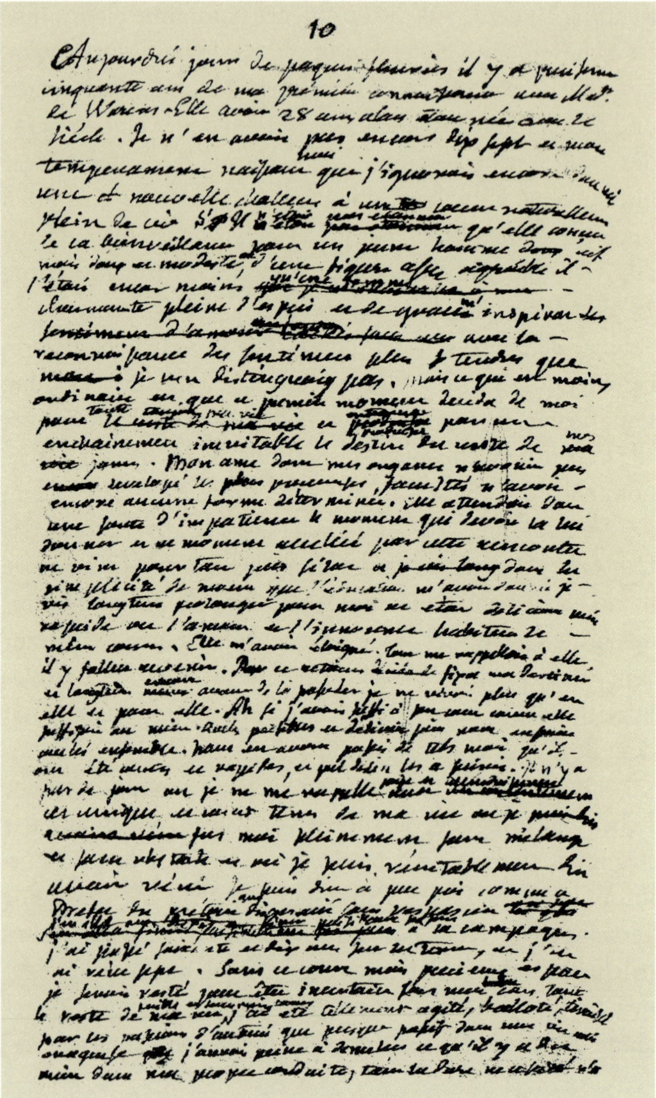

Die beiden Seiten des Manuskripts der *Dixième promenade: Aujourdui jour de paques fleuries…*

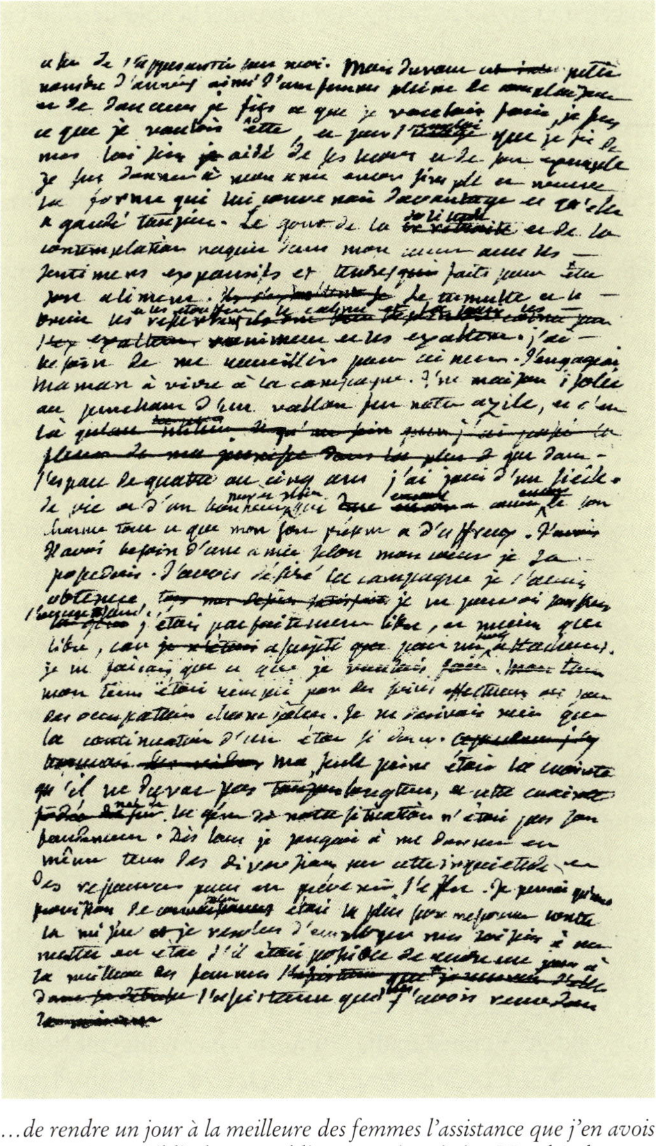
[illegible] de s'appercevoir que moi. Mais devant une petite nombre d'années aimé d'une femme pleine de complaisance et de douceur je fis ce que je voulois faire, je fus ce que je voulois être, et par l'emploi que je fis de mes loisirs, aidé de ses leçons et de son exemple je sus donner à mon âme encore simple et novice la forme qui lui convenoit davantage et qu'elle a gardé toujours. Le goût de la solitude et de la contemplation naquit dans mon cœur avec les sentiments expansifs et tendres faits pour être son aliment. Le tumulte et le bruit les resserrent et les étouffent, le calme et la paix les raniment et les exaltent. J'ai besoin de me recueillir pour aimer. J'engageai Maman à vivre à la campagne. Une maison isolée au penchant d'un vallon fut notre asile, et c'est là [illegible] que dans l'espace de quatre ou cinq ans j'ai joui d'un siècle de vie et d'un bonheur pur et plein qui couvre de son charme tout ce que mon sort présent a d'affreux. J'avois besoin d'une amie selon mon cœur je la possédois. J'avois désiré la campagne je l'avois obtenue, je ne pouvois souffrir l'assujettissement, j'étois parfaitement libre, et mieux que libre, car assujetti que par mes attachements, je ne faisois que ce que je voulois faire. Tout mon temps étoit rempli par des soins affectueux ou par des occupations champêtres. Je ne desirois rien que la continuation d'un état si doux. [illegible] ma seule peine étoit la crainte qu'il ne durât pas longtems, et cette crainte née de la gêne de notre situation n'étoit pas sans fondement. Dès lors je songeai à me donner en même tems des diversions sur cette inquiétude et des ressources pour en prévenir l'effet. Je pensai qu'une provision de talens étoit la plus sûre ressource contre la misère et je résolus d'employer mes loisirs à me mettre en état s'il étoit possible de rendre un jour à la meilleure des femmes [illegible] l'assistance que j'en avois reçue

…de rendre un jour à la meilleure des femmes l'assistance que j'en avois *reçue*. MsR 79, Bibliothèque publique et universitaire, Neuchâtel.

langen und zu Betrachtungen von weitreichender Bedeutung Anlaß geben. Wie die Lektüre eines klassischen Textes zum Ausgangspunkt einer eingehenden Untersuchung eines allgemeinen Problems werden kann. Wie die Beobachtung einer alltäglichen Handlung als Mitglied der Gesellschaft eine denkbar grundsätzliche Bestimmung des eigenen Standorts am Rande der Gesellschaft nach sich ziehen kann, oder wie ein kleiner Umweg auf den Pfad der Selbsterkenntnis zu führen vermag. Vom ersten Absatz der ersten Promenade an ist die Selbsterkenntnis die Aufgabe, die Rousseau sich stellt. Der Promeneur Solitaire geht ihr auf allen seinen Spaziergängen nach, stillschweigend neu beginnend, auf den Feind achtend, sich ausdrücklich korrigierend, sich selbst beobachtend, anders ansetzend, sich der Natur zuwendend, zu sich zurückkehrend, weiter ausholend, tiefer grabend … Die *Rêveries* spiegeln in ihrer Form wie in ihrem Inhalt die Unerschöpflichkeit und Unabschließbarkeit der Aufgabe der Selbsterkenntnis wider. Alle großen Themen, die in ihnen vorkommen, sind in einem präzisen Verstande Variationen zu dem einen Thema der Selbsterkenntnis: Gott und Natur, Moral und Politik, Liebe und Glück, Güte und Tugend, Wahrheit und Tod. Die Selbsterkenntnis ist das Thema der *Rêveries*, weil sie und insofern sie das Thema des philosophischen Lebens ist.

Die *Rêveries* in dieser Weise als ein Buch der Selbsterkenntnis zu lesen heißt, sie als ein im höchsten Maße vermitteltes, Vermittlungen durchlaufendes und Vermittlungen verlangendes Buch zu lesen. Eine solche Lektüre ist die notwendige Voraussetzung, um zu einem angemessenen Verständnis der *Cinquième promenade* zu gelangen. Angesichts ihrer insularen Lage, was ihren Ort, ihre Zeit und ihre Stellung im Buch selbst betrifft, scheint sie in den Gang des

Die St. Petersinsel von der Kanincheninsel aus gesehen. Ort der *Cinquième promenade*. (Aquatinta von Sigismund Himely, Kunstmuseum Basel Kupferstichkabinett.)

Arguments der *Rêveries* unvermittelt hereinzustehen oder aus ihm herauszufallen. Der verbreitetste Irrtum in den Deutungen der berühmtesten *Rêverie* ist nicht von ungefähr die Annahme, Rousseau beschreibe in ihr das Glück als Zustand der Unmittelbarkeit. Bei genauerer Betrachtung erweist sich, daß die V. Promenade in den Gang des Arguments vollkommen eingefügt und mit den vorangehenden wie den nachfolgenden Promenaden kunstvoll verbunden ist. Der Zustand, den zu denken die V. *Rêverie* uns einlädt, ist ein hochgradig vermittelter und reflektierter Zustand.[29]

29 Jacques Derrida hält sich in der Spur der gewöhnlichen Lektüre, wenn er feststellt: »On sait que la médiateté est le nom de tout ce que Rousseau a voulu opiniâtrement effacer« (*De la grammatologie*. Paris 1967, p. 226). Er folgt auch in anderen wichtigen Rücksichten dem, was man über Rousseau zu wissen glaubt

Die *Cinquième promenade* beschreibt nicht das Glück eines Jedermanns. Sie handelt von der Glückseligkeit des Promeneur Solitaire. Sie umkreist und umgrenzt das Glück eines Philosophen. Doch das wäre das Thema eines eigenen Vortrags.

Lassen Sie mich zum Schluß auf die Frage zurückkommen, die ich am Anfang stellte: Für wen ist dieses Buch geschrieben? Die allgemeine Antwort lautet: »Für eine sehr kleine Zahl von Lesern«, für die wenigen, »die zu verstehen wissen«. Die Antwort ist Ihnen wohlvertraut. Rousseau hat

und seit mehr als zwei Jahrhunderten wiederholt: Von der Behauptung, die Geschichte gründe für Rousseau in einer »chute coupable« (p. 367, 401), über die moralistische Verkürzung des amour-propre, der zufolge die für Rousseaus anthropologische Analyse zentrale Bestimmung »la forme corrompue« des amour de soi sei (p. 248), bis zur Selbstverständlichkeit, mit der von Rousseaus »Teleologie«, »Eschatologie« oder »Moraltheologie« gesprochen wird (p. 326, 355, 416). Daß der Philosoph bei Derrida hinter dem Moralisten zurücktritt und häufig zum Verschwinden kommt, stimmt zusammen mit einem beharrlichen Unverständnis für Rousseaus Rhetorik (cf. p. 270, 273, 357, 359). In seiner ebenso eingehenden wie ausgedehnten Untersuchung, was Rousseau über die Sprache, über die Rede und über die Schrift zu sagen habe, läßt Derrida die Frage außer acht, an wen sich Rousseaus Rede wendet, und an keiner Stelle kommt die Unterscheidung zur Sprache, die Rousseau selbst im Blick auf die Leser seiner Schriften vornimmt. Daraus resultiert nicht nur die geläufige Verzeichnung von Rousseaus Haltung gegenüber dem ägyptischen Bringer der Schrift, dem Gott Theut – »que Rousseau incrimine dans le *Discours sur les sciences et les arts*« (p. 441; cf. p. 413) –, sondern vor allem die radikale Verkennung der philosophischen Bedeutung, die der *Cinquième promenade* eignet (p. 353-355). – Die Anmerkung, der eine erneute Lektüre der *Grammatologie* im Sommer 2004 zugrunde liegt, war geschrieben, als mich die Nachricht vom Tod Jacques Derridas erreichte. Wir hatten über die Unterscheidung von Politischer Theologie und Politischer Philosophie seit 1988 einen Dialog unter Abwesenden geführt, der 1996 in München in einen Dialog unter Anwesenden überging und 1998 im zentralen Stück meines Epilogs *Eine theologische oder eine philosophische Politik der Freundschaft?* öffentlich Gestalt annahm (*Carl Schmitt, Leo Strauss und »Der Begriff des Politischen«. Zu einem Dialog unter Abwesenden. Erweiterte Neuausgabe*. Stuttgart-Weimar 1998, p. 171-181). Ich lasse meine Kritik an Derridas Rousseau-Deutung unverändert in die Welt gehen, obgleich sie in unserer Auseinandersetzung jetzt ohne Erwiderung bleiben muß. Man ehrt einen Denker, er sei politischer Theologe oder er sei politischer Philosoph, wenn man ihm widerspricht, wo die Sache des Denkens verlangt, daß man ihm widerspreche.

sie am Beginn seines philosophischen Lebens und danach wiederholt gegeben.[30] Ich habe zu erläutern versucht, welche Aktivität die *Rêveries* vom Leser im besten Fall verlangen, von welcher Art der Leser mithin sein muß, der das Buch verstehen will. Aber warum will Rousseau von den wenigen, die zu verstehen wissen, verstanden werden? Was ist der tiefste Grund, der Rousseau veranlaßt, für den idealen Leser, für den eigentlichen Adressaten seiner Schriften, eben für den, der ihn verstehen wird, zu schreiben? Die beiden Bücher, die Rousseau am Ende seines Lebens verfaßt, beantworten diese Frage, die *Rêveries*, und das erste Buch, das in den *Rêveries* genannt wird, die *Dialogues*. Die *Dialogues: Rousseau juge de Jean-Jacques* sind Rousseaus ausführlichste Untersuchung der Frage des idealen Lesers, und sie enthalten den Schlüssel zur Eröffnung der *Rêveries*: »Me voici donc seul sur la terre.«

Während die Rhetorik der *Rêveries* postuliert, Rousseau und sein Leser seien Eins, legen die unmittelbar vorangehenden *Dialogues* Jean-Jacques Rousseau in zwei auseinander, in den Leser Rousseau und in den Autor Jean-Jacques. Der Leser Rousseau setzt sich über den Autor Jean-Jacques, den er zunächst nur aus dessen Schriften kennt, mit dem Dialogpartner »le François« auseinander, der den moralischen Menschen und nichterotischen Leser verkörpert: Unter dem Eindruck der öffentlichen Meinung weigert er sich lange, die Schriften von Jean-Jacques zu lesen; schließlich gelingt es Rousseau indes, ihn für eine wohlmeinende Lektüre und eine günstige Beurteilung von Jean-Jacques zu gewinnen. Der Franzose steht in den *Dia-*

30 Siehe Fußnoten 3 und 8.

logues für das Hindernis zwischen dem idealen Leser und dem Autor bzw. dem angemessenen Verständnis seines Œuvre in der Zukunft. Zu Beginn des ersten Dialogs versucht Rousseau, den Franzosen darauf vorzubereiten, daß Jean-Jacques dem Franzosen deshalb als »le monstre« erscheinen könnte, weil der so eigenartige, so einzigartige Jean-Jacques einer Welt zugehört, zu der der Franzose keinen Zugang hat. Rousseau entwirft zu diesem Zweck das Bild eines »monde idéal«, dessen Bewohner er später in Anspielung auf Platons *Phaidros* »mes êtres surlunaires« nennt.[31] Die Beschreibung des »monde idéal«, die das Problem des Philosophen unter Nichtphilosophen in einer äußerst komplexen Art und Weise verhandelt, endet mit der Erörterung, was die »Bewohner der idealen Welt« zu veranlassen vermag, Bücher zu schreiben und zu veröffentlichen. Rousseau erwähnt vier Gründe, die seine »supralunarischen Wesen« dazu bestimmen könnten, denn niemals würden sie aus dem Schreiben »un métier« machen. »L'intérest« und »même la gloire« wäre kein hinreichender Grund, wohl aber (1) »quelque heureuse découverte à publier«, (2) »quelque belle et grande vérité à répandre« – die im Unterschied zur glücklichen, überraschenden und beglückenden, Entdeckung eine alte, nur immer neu zu wiederholende Wahrheit sein mag –, (3) »quelque erreur générale et pernicieuse à combattre«, (4) »enfin quelque point d'utilité publique à établir«.[32] Das Aufregendste an diesem bemerkenswerten Katalog ist die Tatsache, daß der tiefste Grund fehlt. Er kommt nicht als »Lehrgehalt« zur

31 *Rousseau juge de Jean-Jacques* I, p. 668-673, 686; cf. p. 829. Beachte *Rêveries* I, 11, 12 (999).

32 *Rousseau juge de Jean-Jacques* I, p. 673.

Sprache. Er ist kein fünfter Grund, der den vier aufgeführten Gründen auf gleicher Ebene hinzuzufügen wäre. Der tiefste Grund ist in die Handlung des Dialogs eingesenkt. Der Leser muß ihn selbst entdecken, benennen, sich zu eigen machen. In einer »Abschweifung« des ersten Dialogs sagt Rousseau, der Leser, daß er *allein* war – »je me trouvois seul au milieu de la multitude autant par mes idées que par mes sentimens« –, bis er sich in den Schriften von Jean-Jacques, dem Autor, wiederfand.[33] Rousseau, der sich in den Schriften von Jean-Jacques selbst findet, ist nicht mehr allein, da er in Jean-Jacques eine verwandte Natur erkennt, die ihm ebendieses Sichselbstfinden und Wiedererkennen, die Erfahrung, zu verstehen und nicht allein zu sein, durch das Schreiben ermöglichte. Aus der Sicht des Autors heißt das: Jean-Jacques schreibt, um von Rousseau verstanden zu werden. Er will Rousseau in den Stand setzen, sich selbst zu verstehen und in Jean-Jacques wiederzufinden. Zu dem erotischen Verhältnis des Sich-im-anderen-Erkennens und Wiederfindens, von dem hier die Rede ist, gehört, daß der Autor Erfahrungen des Lesers vorhersehen kann, Erfahrungen, die er gemacht und als beglückend empfunden hat und die er – da Erfahrungen sich nicht lehren lassen – dem Leser so »mitteilt«, daß der Leser sie selbst zu machen vermag.

Jean-Jacques Rousseau, der in den *Rêveries* mitteilt, er schreibe nur noch für sich, ist in dem Augenblick nicht mehr allein, in dem er den Leser vorwegnimmt, der versteht, daß die *Rêveries* für ihn geschrieben sind.

33 *Rousseau juge de Jean-Jacques* I, p. 728.

Über den Autor

FOTO W. Heider-Sawall/FOCUS-Magazin

Heinrich Meier, geboren 1953 in Freiburg i. Br., studierte Philosophie, Politische Wissenschaft und Soziologie. Promotion an der Albert-Ludwigs-Universität Freiburg. Seit 1985 leitet er die Carl Friedrich von Siemens Stiftung in München. 1997 Peregrinus-Preis der Bayerischen Akademie der Wissenschaften. Seit 1999 Honorarprofessor für Philosophie an der Ludwig-Maximilians-Universität München. Georges Lurcy Professor des Jahres 2000 an der University of Chicago. 2003 Gastprofessor am Boston College. 2005 Leibniz-Medaille der Berlin-Brandenburgischen Akademie der Wissenschaften. Seit 2008 ständiger Gastprofessor am Committee on Social Thought der University of Chicago.

Selbständige Veröffentlichungen

Jean-Jacques Rousseau: Discours sur l'origine et les fondements de l'inégalité parmi les hommes / Diskurs über den Ursprung und die Grundlagen der Ungleichheit unter den Menschen. Kritische Ausgabe des integralen Textes mit sämtlichen Fragmenten und ergänzenden Materialien nach den Originalausgaben und den Handschriften neu ediert, übersetzt und kommentiert. Mit einem

Einführenden Essay über die Rhetorik und die Intention des Werkes. Ferdinand Schöningh, UTB für Wissenschaft: Uni-Taschenbücher Bd. 725, 1984, 624 Seiten, 6 Abb. Zweite, durchgesehene und erweiterte Auflage 1990, 638 Seiten, 7 Abb. Dritte, erneut durchgesehene Auflage 1993. Sechste Auflage 2008.

Chinesische Übersetzung des »Einführenden Essays über die Rhetorik und die Intention des Werkes« in: *Classic and Interpretation* 2, Peking 2003.

Carl Schmitt, Leo Strauss und »Der Begriff des Politischen«. Zu einem Dialog unter Abwesenden. Stuttgart, J. B. Metzler, 1988, 143 Seiten.
Erweiterte Neuausgabe Stuttgart–Weimar, J. B. Metzler, 1998, 192 Seiten. Erweitert um den Aufsatz »Der Philosoph als Feind« und den Epilog »Eine philosophische oder eine theologische Politik der Freundschaft?«

Carl Schmitt, Leo Strauss et la notion de politique. Un dialogue entre absents. Paris, Commentaire–Julliard, 1990. Französische Übersetzung von Françoise Manent mit einem Vorwort von Pierre Manent »Notre destin libéral«.

Japanische Übersetzung. Tokio, Hosei University Press, 1993.

Carl Schmitt and Leo Strauss. The Hidden Dialogue. Chicago und London, University of Chicago Press, 1995. Englische Übersetzung von J. Harvey Lomax mit einem neuen »Preface to the American Edition« und mit einem »Foreword« von Joseph Cropsey. Revised paperback edition 2006.

Chinesische Übersetzung der Erweiterten Neuausgabe von 1998. Peking, Huaxia Publishing House, 2002. Mit einem neuen »Vorwort« zur chinesischen Ausgabe.

Spanische Übersetzung der Erweiterten Neuausgabe von 1998. Buenos Aires, Katz Editores, 2008.

Die Lehre Carl Schmitts. Vier Kapitel zur Unterscheidung Politischer Theologie und Politischer Philosophie. Stuttgart–Weimar, J. B. Metzler, 1994, 267 Seiten, 1 Abb. Zweite Auflage. Mit einem Nachwort. 2004, 272 Seiten, 1 Abb. Dritte Auflage. Mit einem

Rückblick: »Der Streit um die Politische Theologie«. 2009, 304 Seiten, 1 Abb.

The Lesson of Carl Schmitt. Four Chapters on the Distinction between Political Theology and Political Philosophy. Chicago und London, University of Chicago Press, 1998. Englische Übersetzung von Marcus Brainard mit einem neuen »Preface to the American Edition«.

Chinesische Übersetzung. Peking, Huaxia Publishing House, 2004.

Französische Übersetzung. Paris, Editions du Cerf, 2011.

Spanische Übersetzung des Aufsatzes »Der Streit um die Politische Theologie« in: *Deus Mortalis. Cuaderno de Filosofía Política* 8, Buenos Aires 2009. Chinesische Übersetzung des Aufsatzes 2010.

Die Denkbewegung von Leo Strauss. Die Geschichte der Philosophie und die Intention des Philosophen. Stuttgart–Weimar, J. B. Metzler, 1996, 66 Seiten. Zweite Auflage 1996.

Chinesische Übersetzung. Peking, Huaxia Publishing House, 2002.

Englische Übersetzung in: *Leo Strauss and the Theologico-Political Problem.* Cambridge England–New York, Cambridge University Press, 2006.

Spanische Übersetzung. Buenos Aires, Katz Editores, 2006.

Französische Übersetzung. Paris, Bayard, 2006.

Japanische Übersetzung. Kioto, Koyo Shobo, 2010.

Warum Politische Philosophie? Stuttgart–Weimar, J. B. Metzler, 2000, 40 Seiten. Zweite Auflage 2001.

Chinesische Übersetzung in: *Revelation vs. Reason*, Hongkong 2001.

Englische Übersetzung in: *The Review of Metaphysics* 56, Washington 2002. Wiederabgedruckt in: *Leo Strauss and the Theologico-Political Problem.*

Spanische Übersetzung. Buenos Aires, Katz Editores, 2006.

Französische Übersetzung. Paris, Bayard, 2006.

Japanische Übersetzung in: *Political Philosophy* 8, Osaka 2008.

Das theologisch-politische Problem. Zum Thema von Leo Strauss. Stuttgart–Weimar, J. B. Metzler, 2003, 86 Seiten.

Chinesische Übersetzung. Peking, Huaxia Publishing House, 2004.

Spanische Übersetzung. Buenos Aires, Katz Editores, 2006.

Französische Übersetzung. Paris, Bayard, 2006.

Japanische Übersetzung. Kioto, Koyo Shobo, 2010.

»Les rêveries du Promeneur Solitaire«. Rousseau über das philosophische Leben. München, Carl Friedrich von Siemens Stiftung, 2005, 68 Seiten. Zweite Auflage 2010, 70 Seiten.

Chinesische Übersetzung in: *Classic and Interpretation* 11, Peking 2006.

Japanische Übersetzung in: *Political Philosophy* 7, Osaka 2008.

Englische Übersetzung in: *Recovering Reason: Essays in Honor of Thomas L. Pangle.* Lanham–Plymouth 2010.

Französische Übersetzung in: *Annales Jean-Jacques Rousseau,* Genf 2010.

Leo Strauss and the Theologico-Political Problem. Englische Übersetzung von Marcus Brainard. Cambridge England–New York, Cambridge University Press, 2006. Mit einem »Preface to the American Edition« und der Erstveröffentlichung zweier Vorträge von Leo Strauss: »The Living Issues of German Postwar Philosophy« (1940), »Reason and Revelation« (1948). 204 Seiten. Paperback edition 2007. Siebte Auflage 2008.

Was ist Politische Theologie? – What Is Political Theology? München, Carl Friedrich von Siemens Stiftung, 2006, 35 Seiten.

Deutsche Erstveröffentlichung 1992, englische Erstveröffentlichung 2002, italienisch 2000, polnisch 2003, französisch 2008, spanisch 2009, japanisch 2010.

Als Herausgeber und Mitverfasser

Die Herausforderung der Evolutionsbiologie. München, Piper, 1988, 294 Seiten. Zweite Auflage 1989. Dritte Auflage 1992.

Zur Diagnose der Moderne. München, Piper, 1990, 251 Seiten.

Vom Urknall zum komplexen Universum. Die Kosmologie der Gegenwart (zusammen mit Gerhard Börner und Jürgen Ehlers). München, Piper, 1993, 222 Seiten.

Der Mensch und sein Gehirn. Die Folgen der Evolution (zusammen mit Detlev Ploog). München, Piper, 1997, 259 Seiten. Zweite Auflage 1998.

Über die Liebe. Ein Symposion (zusammen mit Gerhard Neumann). München, Piper, 2000, 352 Seiten. Zweite Auflage 2001. Dritte Auflage 2008. Vierte Auflage 2010.

Der Tod im Leben. Ein Symposion (zusammen mit Friedrich Wilhelm Graf). München, Piper, 2004, 352 Seiten. Zweite Auflage 2008. Dritte Auflage 2010.

Über das Glück. Ein Symposion. München, Piper, 2008, 295 Seiten.

Leo Strauss: *Gesammelte Schriften.*
Band 1: *Die Religionskritik Spinozas und zugehörige Schriften.* Stuttgart-Weimar, J. B. Metzler, 1996, 448 Seiten. Zweite, durchgesehene und erweiterte Auflage 2001, 480 Seiten. Mit einem »Vorwort zur zweiten Auflage«. Dritte, erneut durchgesehene und erweiterte Auflage 2008, 504 Seiten. Mit einem »Vorwort zur dritten Auflage«.
Band 2: *Philosophie und Gesetz – Frühe Schriften.* Stuttgart-Weimar, J. B. Metzler, 1997, 669 Seiten. Zweite, durchgesehene Auflage 1998. Unveränderter Nachdruck 2004.
Band 3: *Hobbes' politische Wissenschaft und zugehörige Schriften – Briefe* (zusammen mit Wiebke Meier). Stuttgart-Weimar, J. B. Metzler, 2001, 837 Seiten. Durchgesehener Nachdruck 2003. Zweite, durchgesehene Auflage 2008. 840 Seiten. Mit einem »Vorwort zur zweiten Auflage«.

THEMEN – Eine Publikationsreihe der Carl Friedrich von Siemens Stiftung

In der Reihe *Themen* wird eine kleine Auswahl der im Wissenschaftlichen Programm der Carl Friedrich von Siemens Stiftung gehaltenen Vorträge in teilweise überarbeiteter und erweiterter Form veröffentlicht. Die Publikationen können von der Stiftung direkt bezogen werden. Vergriffene Bände sind mit dem Vermerk *vgr* gekennzeichnet.

1 Reinhard Raffalt: *Das Problem der Kontaktbildung in der zeitgenössischen Gesellschaft.* 1960. 2. Auflage 1970. 20 S. *vgr*

2 Kurd von Bülow: *Über den Ort des Menschen in der Geschichte der Erde.* 1961. 2. Auflage 1970. 32 S. *vgr*

3 Albert Maucher: *Über das Gespräch.* 1961. 2. Auflage 1970. 22 S. *vgr*

4 Felix Messerschmid: *Das Problem der Planung im Bereich der Bildung.* 1961. 2. Auflage 1970. 34 S.

5 Peter Dürrenmatt: *Das Verhältnis der Deutschen zur Wirklichkeit der Politik.* 1963. 2. Auflage 1970. 40 S. *vgr*

6 Fumio Hashimoto: *Die Bedeutung des Buddhismus für den modernen Menschen.* 1964. 2. Auflage 1970. 36 S. *vgr*

7 Clemens-August Andreae: *Leben wir in einer Überflußgesellschaft?* 1965. 2. Auflage 1970. 28 S. *vgr*

8 Rolf R. Bigler: *Möglichkeiten und Grenzen der Psychologischen Rüstung.* 1965. 2. Auflage 1970. 35 S.

9 Robert Sauer: *Leistungsfähigkeit von Automaten und Grenzen ihrer Leistungsfähigkeit.* 1965. 2. Auflage 1970. 32 S. *vgr*

10 Hubert Schrade: *Die Wirklichkeit des Bildes.* 1966. 66 S. *vgr*

11 Wilhelm Lehmann: *Das Drinnen im Draußen oder Verteidigung der Poesie.* 1968. 24 S. *vgr*

12 Richard Lange: *Die Krise des Strafrechts und seiner Wissenschaften.* 1969. 46 S. *vgr*

13 Hellmut Diwald: *Ernst Moritz Arndt. Das Entstehen des deutschen Nationalbewußtseins.* 1970. 46 S. *vgr*

14 *Zehn Jahre Carl Friedrich von Siemens Stiftung.* 1970. 54 S. *vgr*

15 Ferdinand Seibt: *Jan Hus. Das Konstanzer Gericht im Urteil der Geschichte.* 1973. 58 S. *vgr*

16 Heinrich Euler: *Napoleon III. Versuch einer Deutung.* 1973. 82 S. *vgr*

17 Günter Schmölders: *Carl Friedrich von Siemens. Vom Leitbild des großindustriellen Unternehmers.* 1973. 64 S. *vgr*

18 Ulrich Hommes: *Entfremdung und Versöhnung. Zur ideologischen Verführung des gegenwärtigen Bewußtseins.* 1973. 50 S. *vgr*

19 Dennis Gabor: *Holographie 1973.* 1974. 52 S.

20 Wilfried Guth: *Geldentwertung als Schicksal?* 1974. 44 S.

21 Hans-Joachim Queisser: *Festkörperforschung.* 1975. 2. Auflage 1976. 64 S. *vgr*

22 Ekkehard Hieronimus: *Der Traum von den Urkulturen.* 1975. 2. Auflage 1984. 54 S. *vgr*

23 Julien Freund: *Georges Sorel.* 1977. 76 S. *vgr*

24 Otto Kimminich: *Entwicklungstendenzen des gegenwärtigen Völkerrechts.* 1976. 2. Auflage 1977. 52 S.

25 Hans-Joachim Hoffmann-Nowotny: *Umwelt und Selbstverwirklichung als Ideologie.* 1977. 42 S. *vgr*

26 Franz C. Lipp: *Eine europäische Stammestracht im Industriezeitalter. Über das Vorder- und Hintergründige der bayerisch-österreichischen Trachten.* 1978. 43 S. *vgr*

27 Christian Meier: *Die Ohnmacht des allmächtigen Dictators Caesar.* 1978. 108 S. *vgr*

28 Stephan Waetzoldt und Alfred A. Schmid: *Echtheitsfetischismus? Zur Wahrhaftigkeit des Originalen.* 1979. 72 S. *vgr*

29 Max Imdahl: *Giotto. Zur Frage der ikonischen Sinnstruktur.* 1979. 60 S. *vgr*

30 Hans Frauenfelder: *Biomoleküle. Physik der Zukunft?* 1980. 2. Auflage 1984. 53 S. *vgr*

31 Günter Busch: *Claude Monet »Camille«. Die Dame im grünen Kleid.* 1981. 2. Auflage 1984. 50 S.

32 Helmut Quaritsch: *Einwanderungsland Bundesrepublik Deutschland? Aktuelle Reformfragen des Ausländerrechts.* 1981. 2. Auflage 1982. 92 S. *vgr*

33 Armand Borel: *Mathematik: Kunst und Wissenschaft.* 1982. 2. Auflage 1984. 58 S. *vgr*

34 Thomas S. Kuhn: *Was sind wissenschaftliche Revolutionen?* 1982. 2. Auflage 1984. 62 S. *vgr*

35 Peter Claus Hartmann: *Karl VII.* 1982. 2. Auflage 1984. 60 S.

36 Frédéric Durand: *Nordistik. Einführung in die skandinavischen Studien.* 1983. 104 S.

37 Hans-Martin Gauger: *Der vollkommene Roman: »Madame Bovary«.* 1983. 2. Auflage 1986. 70 S. *vgr*

38 Werner Schmalenbach: *Das Museum zwischen Stillstand und Fortschritt.* 1983. 47 S.

39 Wolfram Eberhard: *Über das Denken und Fühlen der Chinesen.* 1984. 2. Auflage 1987. 48 S.

40 Walter Burkert: *Anthropologie des religiösen Opfers.* 1984. 2. Auflage 1987. 64 S. *vgr*

41 Christopher Freeman: *Die Computerrevolution in den langen Zyklen der ökonomischen Entwicklung.* 1985. 57 S. *vgr*

42 Benno Hess und Peter Glotz: *Mensch und Tier. Grundfragen biologisch-medizinischer Forschung.* 1985. 60 S. *vgr*

43 Hans Elsässer: *Die neue Astronomie.* 1986. 64 S. *vgr*

44 Ernst Leisi: *Naturwissenschaft bei Shakespeare.* 1988. 124 S.

45 Dietrich Murswiek: *Das Staatsziel der Einheit Deutschlands nach 40 Jahren Grundgesetz.* 1989. 56 S. *vgr*

46 François Furet: *Zur Historiographie der Französischen Revolution heute.* 1989. 50 S. *vgr*

47 Ernst-Wolfgang Böckenförde: *Zur Lage der Grundrechtsdogmatik nach 40 Jahren Grundgesetz.* 1990. 86 S. *vgr*

48 Christopher Bruell: *Xenophons Politische Philosophie.* 1990. 2. Auflage 1994. 71 S.

49 Heinz-Otto Peitgen und Hartmut Jürgens: *Fraktale. Gezähmtes Chaos.* 1990. 70 S. *vgr*

50 Ernest L. Fortin: *Dantes »Göttliche Komödie« als Utopie.* 1991. 62 S.

51 Ernst Gottfried Mahrenholz: *Die Verfassung und das Volk.* 1992. 58 S. *vgr*

52 Jan Assmann: *Politische Theologie zwischen Ägypten und Israel.* 1992. 2. Auflage 1995. 122 S. 3., erweiterte Auflage 2006. 138 S.

53 Gerhard Kaiser: *Fitzcarraldo Faust. Werner Herzogs Film als postmoderne Variation eines Leitthemas der Moderne.* 1993. 74 S. *vgr*

54 Paul A. Cantor: *»Macbeth« und die Evangelisierung von Schottland.* 1993. 88 S.

55 Walter Burkert: *»Vergeltung« zwischen Ethologie und Ethik.* 1994. 48 S. *vgr*

56 Albrecht Schöne: *Fausts Himmelfahrt. Zur letzten Szene der Tragödie.* 1994. 40 S. *vgr*

57 Seth Benardete: *On Plato's »Symposium« – Über Platons »Symposion«.* 1994. 2. Auflage 1999. 106 S. mit einer Farbausschlagtafel.

58 Yosef Hayim Yerushalmi: *»Diener von Königen und nicht Diener von Dienern«. Einige Aspekte der politischen Geschichte der Juden.* 1995. 62 S. *vgr*

59 Stefan Hildebrandt: *Wahrheit und Wert mathematischer Erkenntnis.* 1995. 60 S.

60 Dieter Grimm: *Braucht Europa eine Verfassung?* 1995. 58 S.

61 Horst Bredekamp: *Repräsentation und Bildmagie der Renaissance als Formproblem.* 1995. 84 S.

62 Paul Kirchhof: *Die Verschiedenheit der Menschen und die Gleichheit vor dem Gesetz.* 1996. 80 S. *vgr*

63 Ralph Lerner: *Maimonides' Vorbilder menschlicher Vollkommenheit.* 1996. 50 S.

64 Hasso Hofmann: *Bilder des Friedens oder Die vergessene Gerechtigkeit. Drei anschauliche Kapitel der Staatsphilosophie.* 1997. 2. Auflage 2008. 98 S.

65 Ernst-Wolfgang Böckenförde: *Welchen Weg geht Europa?* 1997. 60 S.

66 Peter Gülke: *Im Zyklus eine Welt. Mozarts letzte Sinfonien.* 1997. 64 S.

67 David E. Wellbery: *Schopenhauers Bedeutung für die moderne Literatur.* 1998. 70 S.

68 Klaus Herding: *Freuds »Leonardo«. Eine Auseinandersetzung mit psychoanalytischen Theorien der Gegenwart.* 1998. 80 S.

69 Jürgen Ehlers: *Gravitationslinsen. Lichtablenkung in Schwerefeldern und ihre Anwendungen.* 1999. 58 S. mit 4 Farbtafeln.

70 Jürgen Osterhammel: *Sklaverei und die Zivilisation des Westens.* 2000. 2. Auflage 2009. 74 S.

71 Lorraine Daston: *Eine kurze Geschichte der wissenschaftlichen Aufmerksamkeit.* 2001. 60 S.

72 John M. Coetzee: *The Humanities in Africa – Die Geisteswissenschaften in Afrika.* 2001. 98 S.

73 Georg Kleinschmidt: *Die plattentektonische Rolle der Antarktis.* 2001. 86 S. mit 20 Abbildungen, 16 Farbtafeln und einer Ausschlagtafel.

74 Ernst Osterkamp: *»Ihr wisst nicht wer ich bin« – Stefan Georges poetische Rollenspiele.* 2002. 60 S.

75 Peter von Matt: *Ästhetik der Hinterlist. Zu Theorie und Praxis der Intrige in der Literatur.* 2002. 62 S.

76 Seth Benardete: *Socrates and Plato. The Dialectics of Eros – Sokrates und Platon. Die Dialektik des Eros.* 2002. 98 S.

77 Robert Darnton: *Die Wissenschaft des Raubdrucks. Ein zentrales Element im Verlagswesen des 18. Jahrhunderts.* 2003. 82 S.

78 Michael Maar: *Sieben Arten, Nabokovs »Pnin« zu lesen.* 2003. 74 S.

79 Michael Theunissen: *Schicksal in Antike und Moderne.* 2004. 72 S.

80 Paul Zanker: *Die Apotheose der römischen Kaiser. Ritual und städtische Bühne.* 2004. 86 S.

81 Glen Dudbridge: *Die Weitergabe religiöser Traditionen in China.* 2004. 64 S. und 8 Farbtafeln.

82 Heinrich Meier: *»Les rêveries du Promeneur Solitaire«. Rousseau über das philosophische Leben.* 2005. 68 S. 2. Auflage 2010. 70 S.

83 Jean Bollack: *Paul Celan unter judaisierten Deutschen.* 2005. 70 S.

84 Rudolf Smend: *Julius Wellhausen. Ein Bahnbrecher in drei Disziplinen.* 2006. 72 S.

85 Martin Mosebach: *Die Kunst des Bogenschießens und der Roman. Zu den »Commentarii« des Heimito von Doderer.* 2006. 74 S.

86 Ernst-Wolfgang Böckenförde: *Der säkularisierte Staat. Sein Charakter, seine Rechtfertigung und seine Probleme im 21. Jahrhundert.* 2007. 82 S.

87 Marie Theres Fögen: *Das Lied vom Gesetz.* 2007. 140 S.

88 Helen Vendler: *Primitivismus und das Groteske. Yeats' »Supernatural Songs«.* 2007. 88 S.

89 Winfried Menninghaus: *Kunst als »Beförderung des Lebens« – Perspektiven transzendentaler und evolutionärer Ästhetik.* 2008. 70 S.

90 Horst Bredekamp: *Der Künstler als Verbrecher. Ein Element der frühmodernen Rechts- und Staatstheorie.* 2008. 90 S. mit 25 Abbildungen.

91 Horst Dreier: *Gilt das Grundgesetz ewig? Fünf Kapitel zum modernen Verfassungsstaat.* 2009. 128 S. mit 6 Abbildungen.

Außerhalb der Reihe sind erschienen:

1985 – 1995 Carl Friedrich von Siemens Stiftung – Zehnjahresbericht. 1996. 2. Auflage 1999. 144 S. mit 81 Abbildungen.

1995 – 2005 Carl Friedrich von Siemens Stiftung – Zehnjahresbericht. 2005. 174 S. mit 117 Abbildungen.

Notiz zur Zitierweise

Heinrich Meier:
»Les rêveries du Promeneur Solitaire«
Rousseau über das philosophische Leben
München: Carl Friedrich von Siemens Stiftung, 2010
(Reihe »Themen«, Bd. 82, Zweite Auflage).

ISBN 978-3-938593-14-1

Carl Friedrich von Siemens Stiftung
Südliches Schloßrondell 23
D-80638 München

Zweite, durchgesehene Auflage, 8.-14. Tausend, 2010
Layout und Herstellung Udo Wiedemann
Druck Mayr Miesbach GmbH

Veröffentlichungen der Carl Friedrich von Siemens Stiftung

Herausgegeben von Heinz Gumin und Heinrich Meier

Heinrich Meier, Gerhard Neumann (Hg.)

Über die Liebe
Ein Symposion

München, Piper, 2000. 4. Auflage 2010. Serie Piper 3233
352 Seiten mit 10 Abbildungen. € 9,90

Gerhard Neumann
Lektüren der Liebe

Helen Fisher
Lust, Anziehung und Verbundenheit
Biologie und Evolution der menschlichen Liebe

Karl-Heinz Kohl
Gelenkte Gefühle
Vorschriftsheirat, romantische Liebe und Determinanten der Partnerwahl

Jean Starobinski
Fêtes galantes
Geburt und Niedergang einer Utopie der Liebe

Seth Benardete
Sokrates und Platon
Die Dialektik des *Eros*

Walter Haug
Tristan und Lancelot
Das Experiment mit der personalen Liebe im 12./13. Jahrhundert

Kurt Flasch
Liebe im *Decameron* des Giovanni Boccaccio

Peter von Matt
Versuch, den Himmel auf Erden einzurichten
Der Absolutismus der Liebe in Goethes *Wahlverwandtschaften*

Ulrich Pothast
Liebe und Unverfügbarkeit

Heinrich Meier
Epilog: Über Liebe und Glück

Friedrich Wilhelm Graf, Heinrich Meier (Hg.)

Der Tod im Leben

Ein Symposion

München, Piper, 2004. 3. Auflage 2010. Serie Piper 4271
352 Seiten mit 6 Abb. € 12,90

Friedrich Wilhelm Graf
Todesgegenwart

Ernst Tugendhat
Unsere Angst vor dem Tod

Jean-Claude Schmitt
Der Historiker, der Tod und die Toten

Norbert Schneider
Zeig mir das Spiel vom Tod
Sterben, Tote und Tod im Fernsehen und in ausgewählten Kinofilmen

Peter Gülke
»Senkrecht auf der Richtung vergehender Herzen«
Musik als Paradigma bejahter Vergänglichkeit

Peter von Matt
Tod und Gelächter
Der Tod als Faktor des Komischen in der Literatur

Christopher Bruell
Der Tod aus der Sicht der Philosophie

Peter H. Krammer
Kein Leben ohne Tod

Philippe Descola
Mit den Toten leben

Axel Michaels
Wohin mit den Ahnen?
Totenritual und Erlösung in indischen Religionen

Hans Ulrich Gumbrecht
Die Zukunft unseres Todes

Heinrich Meier
Epilog: Über Leben und Tod

Heinrich Meier (Hg.)

Über das Glück
Ein Symposion

München, Piper, 2008. Serie Piper 5304
295 Seiten mit 5 Abb. € 9,95 (D)

Heinrich Meier
Prolog – Über das Glück

David E. Wellbery
Prekäres und unverhofftes Glück
Zur Glücksdarstellung in der klassischen deutschen Literatur

Ulrich Pothast
Glück und Unverfügbarkeit

Norbert Schwarz
Intuitive Annahmen über das glückliche Leben – und warum wir so wenig aus der Erfahrung lernen

Karl-Heinz Kohl
Der glückliche Wilde
Imagination oder Realität?

Peter von Matt
Glück als Ziel des Weltalls und der Literatur

Camille Paglia
Agonie und Ekstase
Das flüchtige Glück des abendländischen Künstlers

Lorraine Daston
Monomanie in der Wissenschaft

Christopher Bruell
Das Glück aus der Sicht der Philosophie

Heinrich Meier
Epilog – Über Glück und Unglück